KB072430

나는 다른 것을 본다

송현석 지음 ────────────

익숙한 것에서 낯선 것을 보는 힘

쌤앤파커스

보이지 않는
진실을 찾는 힘

　　　　　　　　　　　서울 강남에서 큰 규모의 클럽을
운영하는 대표와 우연히 자리를 함께하게 되었다. 그는 지금까지 해
오던 클럽을 정리하고 다른 곳에 더 큰 클럽을 오픈하기 위해 동분
서주하고 있었다. 새롭게 문을 열 클럽을 어떻게 꾸며야 할지 고민
이라며 뭔가 색다른 것을 찾던 그에게, 나는 평소 마음에 두었던 아
이디어를 건넸다. 여자 화장실만큼은 최소 50평이 넘게 넓게 만들
라는 제안이었다. 탈의실을 만들어서 편하게 옷도 갈아입고, 스타킹
도 갈아 신고, 화장도 고치고, 서로의 패션에 대해 평가도 해주는
등, 단순한 화장실이 아니라 눈치 보지 않는 여자들만의 공간을 만

들면 어떻겠냐는 말에, 갑자기 그는 자리에서 일어나 박수까지 치면서 매우 흡족해했다. 반드시 그렇게 하겠노라며 흥분도 감추지 않았다. 오랫동안 클럽을 운영해온 경험을 통해, 나의 아이디어가 여성 손님의 가려운 부분을 긁어주는 해결책이자 잘나가는 클럽으로 인정받을 수 있는 차별점임을 감각적인 촉(?)으로 감지한 듯했다.

굳이 이러한 대화가 아니라도, 우리는 알게 모르게 거의 모든 일에서 '다른' 것을 찾아 나선다. 어쩌면 우리의 일상은 다른 것을 찾는 연속이다. 대중은 좋은 것을 보면 감탄하지만, 다른 것을 보면 갖고 싶어 한다. 기업은 먹거리를 찾기 위해 끊임없이 '다른' 것에 안테나를 세운다. 다른 생각이 다음 생각을 낳는다는 것은 어느덧 정설이 되어버렸다.

자, 여기까지는 누구나 공감하는 내용일 것이다. 정작 중요한 문제는 그다음부터다. 어느 때보다 다름이 환영받고 있는 건 분명한데, 아이러니하게도 다르다는 말이 더 이상 다르게 들리지 않는다. 모두가 다름의 중요성을 강조하면서도 어떻게 다르게 할 것인지에 대해서는 뾰족한 수를 내놓지 못한다. 그렇다면 왜 누구는 똑같은 것을 보고도 다른 생각을 하는 것일까? 대체 어떻게 해야 같은 상황에서 다른 전략을 세울 수 있을까? 이 책은 바로 그에 대한 이야기다.

흔히 다름이라고 하면 굉장히 대단한 것처럼 생각하는 이들이 적지 않다. 마치 다른 생각이나 아이디어가 창의적인 소수의 전유물이라고 인식하는 듯하다. 바로 여기에 함정이 있다. 적지 않은 시간 동안 치열한 현장을 누비는 마케터로, 조직의 수장으로, 시장을 읽는 전략가로 일해오면서 느낀 것은, '다름'이 그리 멀리 있지 않다는 사실이다. 다만 정확하게 읽어내기 어려울 뿐, 다름은 우리와 가까운 곳에 있다. 나는 이 책을 통해, 익숙함이 지배하는 세상에서 낯선 것을 찾는 법을 말하려 한다.

먼저, 부지런히 일상을 들여다볼 필요가 있다. 이때 고정관념이나 선입견에 익숙해진 자신을 내려놓고 철저히 관찰자의 시선을 취해야 한다. 앞에서 이야기한 클럽 대표에게 내가 그런 제안을 할 수 있었던 것은 평소 여성분들이 클럽(술집)의 화장실을 드나드는 모습을 유심히 훔쳐본(?), 아니 관찰하고 공감한 덕분이었다. 대부분이 좁은 공간에서 스타킹을 갈아 신느라 낑낑대거나, 화장을 고칠 곳이 마땅치 않아 줄지어 기다리는 모습이었다. 클럽 화장실이야말로 남성들의 눈을 피해 화장도 고치고 전화도 하면서 가끔 쉬어줄 휴식공간이어야 할 텐데, 정작 이러한 욕구를 읽은 곳이 없었다. 그런 모습까지 훔쳐보았다고 하니 왠지 이상한 사람처럼 보일지도 모르겠지만, 많은 사람들의 일상을 관찰하는 것은 내 업무 중

하나다. 끊임없이 새로운 것을 찾는 일을 하다 보니, 어느덧 사람들의 세세한 행동 하나하나까지 눈여겨보는 습관이 생겼는데, 다행스럽게도 이 습관이 나의 업무에 큰 도움이 되고 있다.

둘째, 나만의 '다름'을 만들어야 한다. 프랜차이즈 빵집과 프리미엄 베이커리가 시내를 벗어나 골목을 점령하면서, 너도나도 동네 빵집이 위기라고 말한다. 그런데 내가 아는 동네 빵집은 도무지 주인 아저씨의 손이 쉴 틈이 없다. 빵은 맛있지만 대형 빵집의 마케팅에 치여 판로가 없었던 그 빵집은, 정보화마을에서 운영하는 화상채팅을 통해 손님을 모으기 시작했다. 대형 프랜차이즈가 하는 페이스북이나 트위터가 아니라, 동네 빵집 고유의 푸근함과 친근함을 살려 화상채팅을 시도한 것이 주효한 것이다. 남들이 다 하는 것, 무조건 튀는 것을 찾기보다 내가 잘하는 것을 찾아 '나만의 리그'에 뛰어들기 바란다.

마지막으로 다른 발상을 떠올렸다면 직접 실행할 수 있어야 한다. 후천적인 노력을 통해 다름을 만들었다고 해도, 정작 실행에 옮기지 못하면 아무짝에도 소용없는 일. 어쩌면 이것이야말로 가장 어려운 대목일 것이다. 게다가 머리를 싸매고 앉아 있다고 해서 하루아침에 갑자기 '다른' 아이디어가 떠오를 리 만무하다. 평소 무엇이든 한 번 뒤집어 생각하는 훈련을, 실패를 두려워하지 않고 시도하는 습관을 들여야 한다. 비즈니스는 판을 다르게 읽는 것이 아니라, 다른 판을 만드는 것이다. 머릿속 아이디어를 눈앞의 결실로 끄집어내야 비로소 진정한 '다름'이 완성된다.

'다름'에 대한 주제로 책을 쓰기 시작했지만, 나 역시 시중에 무수히 존재하는 경영 서적들 중에서 어떻게 이 책을 차별화할 수 있을지 고심하고 또 고심했다. 생각 끝에 조금은 조심스럽지만 나만의 경험을 담기로 결심했다. 지난날을 돌이켜보면, 끊임없이 다른 것을 찾으려는 천성 덕분에 좋은 결과를 이뤄낸 것만은 확실하다. 많은 이들이 하루에도 수십 번씩 '진짜' 다름을 찾아 헤매는 상황에서, 이제껏 시도해온 것들이 잘 들어맞았음에 감사할 따름이다. 음반의 유통형태가 CD에서 음원으로 바뀔 것을 예상해 업종을 갈아탔고, 피자헛에 근무할 때는 누가 인터넷으로 피자를 주문하느냐는 핀잔을 무릅쓰고 온라인주문시스템을 개발해 성공했다. 오비맥주에 합류해서는 한물간 OB를 버리자는 주장에 맞서 OB를 오래된 친구로 되살려놓는 기쁨을 맛보았다. 이러한 결과는 내가 유독 잘나서도 아니고 트렌드에 엄청 민감해서도 아니다. 다만 남들과 다른 게 있다면 좀 더 많은 것을 경험하려 애쓰고, 이를 통해 남들과 다른 아이디어를 꾸준히 생각해왔다는 점이다. 그리고 그것을 현실에서 실행할 수 있도록 주위를 설득해 결과를 만들어냈다는 것이다. 다행히 수차례 좋은 결과가 반복되면서 더 큰일을 벌일 기회가 주어졌고, 지금도 매우 즐겁게 세상에 또 다른 '다름'을 내놓을 수 있다는 사실을 무한한 행복으로 여긴다. 무엇보다 오비맥주가 경쟁사 하이트진로를 제치고 업계 1위가 되었고, 2등 브랜드 카스가 대한민국 1등 맥주로 올라섰고, 4년 만에 회사 가치가 4조 원 가까이 상승하는 결과를 만들어낸 경험은 내가 용기 내어 이 책을 시작한 이유이기도 하다.

미리 말씀드리지만 이론을 배우고자 하면 교과서를 보면 될 것이고, 사례를 터득하려면 학자들의 책을 읽으면 될 것이다. 이 책은 내가 이제껏 겪어온 그간의 성공과 시행착오를 토대로 지극히 개인적인 생각과 경험을 정리한 것이다. 방법적인 부분은 책장을 덮은 후 모두 잊어버려도 좋다. 다름에 대한 의미와 중요성만 기억하고 실행에 나선다면, 이미 절반은 성공한 것이나 다름없다. 이 책을 쓴 가장 큰 목적은 더 많은 사람들이 좋은 것이 아니라 낯선 것이 이긴다는 시장의 진리(?)를 깨닫고 다르게 행동할 수 있도록 돕는 것이다. 자기만의 다름을 실천에 옮기는 사람이야말로 새로운 기회를 찾게 될 것이고, 미래를 이끌어갈 거라 믿는다. 마지막으로

지금 이 순간도 '다른' 것에 대한 고민을 계속하고 있을 당신에게,
이 책이 미력하나마 도움이 되기를 바란다. 어쨌든 우리는 달라져
야 한다.

송현석

차례

1
일상에 숨겨진
기회를 읽어라

어떻게 세상을
바라볼 것인가

우리가 사는 세상은 볼거리로 가득하다. 여기서 말하는 볼거리란 독특한 물건이나 멋진 관광지를 뜻하는 것이 아니다. 오히려 가이드북 없이도 잘 다닐 수 있는 방법이나, 평범한 곳도 명소처럼 즐겁게 구경할 수 있는 방법에 가까울 것이다. 겉으로 보기에 특별할 게 없어 보이는, 지극히 일상적인 것도 '어떻게' 보느냐에 따라 '볼거리'가 된다. 가령 차를 타고 유명 관광지에 내렸다고 가정해보자. 굳이 가이드북을 들여다보지 않아도 길가의 상점이나 노점을 살펴보면, 그 지역의 인기상품(특산품)이 무엇인지를 대번에 알 수 있다. 도무지 사람 수를 헤아릴 수 없는 출근길의 지옥철에서도 마음만 먹으면 재미있는 것들이 끝도 없이 눈에 들어온다. 언제부터 지하철 광고가 자취를 감추었을까? 경기 침체와도 관련이 있겠지만, 주범은 따로 있다. 지하철 승객 10명 중 8명이 고개 숙여 스마트폰에 파고든(?) 상황에서 광고를 내걸 만한 배짱 좋은 기업이 많지 않기 때문이다. 한때 인기를 구가했던 무가지도 마찬가지다. 지하철 입구에서 남들보다 조금이라도 빨리 무가지를 집으려고 걸음을 재촉했던 수년 전에 비해, 지금의 무가지는 사람이 붐비는 역이 아니면 꽤 늦게까지 남아 있을 때도 있다. 그 와중에도 시대의 변화에 맞춰 컨셉을 달리한 무가지는 깔리기 무섭게 사라져버린다.

모든 일이 그렇겠지만, 거저 되는 일은 없다. 세상을 바라보는 데도 연습이 필요하다. 간혹 지하철에서 물건을 파는 사람들을 보고 있으면, 가장 뛰어난 관찰자가 아닌가 하는 생각이 든다. 각 호선에 어떤 특성의 승객이 타는지, 어느 시간대가 가장 덜 붐비는지, 어느 계절과 어느 시기에 무엇이 필요한지를 정확히 읽고 움직이기 때문이다. 어떨 때는 언제 이런 물건이 나왔지, 할 만큼 독특한 것을 팔기도 한다. 지금부터라도 일상을 당신만의 볼거리로, 인사이트의 창고로 만들어보길 바란다. 사람들이 어떤 날씨에 무엇을 먹는지, 요즘에는 어떤 옷을 입는지, 거리를 뒤덮은 커피 전문점과 치킨집이 어떻게 진화하는지를 들여다보길 바란다. 지극히 평범해 보이는 일상에서 영감을 얻고, 통찰을 끄집어내어 아이디어로 만들어보라.

열심히 들여다봐야 하는 이유는 또 있다. 사람들이 자신의 속마음을 있는 그대로 말하지 않기 때문이다(어쩌면 진짜 속내를 모르는 것일지도 모른다). 모 기업에서 스마트 TV를 놓고 벽걸이형과 스탠드형 중 어느 쪽을 더 선호하는지에 대해 소비자 좌담회를 열었다. 좌담회에 참석한 참가자들은 벽걸이형이 더 편하고 좋다고 말했지만, 정규조사 후 참가자 중 한 명을 추첨해 선물로 TV 한 대를 주겠다고 하자 아이러니하게도 갖고 싶은 TV로 '스탠드형'을 써낸 이들이 더 많았다. 이사 갈 때의 번거로움 등을 고려하면 스탠드 TV가 더 낫다고 생각한 것이다. 그렇다면 왜 좌담회에서는 벽걸이 TV가 더 좋다고 대답한 것일까? 사람들은 자신이 직접 관여할 사항이 아니면, 현실과 다른 의견을 말하곤 한다. 눈앞에 보이는 것을 오롯이 믿어서는 안 되는 이유다. 대중의 말을 곧이곧대로 믿지 말자. 분명 뒤집어보면 다른 게 보인다.

결국 이 세상을 열심히 바라봐야 하는 이유는, '보이지 않는 것'을 보기 위해서일 것이다. 부하직원 셋을 데리고 강남에서 잘나가는 이자카야에 한턱 쏘려고 갔다. 일본식 선술집이라는 이자카야의 특성상, 첫 잔은 주로 산토리나 아사히 등의 일본 맥주로 정해진다. 그런데 무심코 아사히 네 잔을 시키고 나서 메뉴판을 보니 한 잔당 9,000원으로 가격이 만만치 않다. 넷이 앉은 테이블에서 술잔이 두어 번 돌면 사케 한 병을 시킨 것과 맞먹는 금액이다. 비싸다고 티를 낼 수도 없어 슬쩍 운을 떼웠다. "계속 맥주로 마실까?" 그때 센스 있는 후배가 받아친다. "이제 배도 부르니 카스처럼으로 갈까요?" 그러면서, 카스와 소주를 시킨다. 어찌나 기특하던지.

대체로 판의 핵심은 숨겨져 있다. 아쉽게도 대중의 생각 역시 숨겨져 있다. 우리에게는 겉으로 드러나지 않는, 전체적인 분위기를 읽는 힘이 필요하다. 세상에 흩뿌려진 수많은 허상 속에서 핵심을 찾아내어 승부를 내 쪽으로 가져오는 능력이다. 모든 것은 관찰에서 출발한다. 우선 부지런히 보고 또 봐야 한다. 아무리 사소한 행동이라도 무의미한 것은 없다. 다음은 '다르게' 봐야 한다. 자신의 경험과 지식, 직관을 총동원해서. 그러다 보면 남들이 보지 못하는 부분이 보인다. 1부는 바로 그에 대한 이야기다.

모든 이야기엔
시대성이 담겨 있다

　　　　　　　　　　　　미주리 대학의 신문학부에서 광
고학 개론 수업을 수강할 때였다. 한 번은 프로젝트 과제로 리바이
스 청바지의 신문광고 디자인이 주어졌다. 대상은 20대 초반의 젊
은 미국 여성들로 한정됐다. 고민스러운 과제였다. 그녀들에 대해
잘 몰랐기 때문이다. 그들과 특별한 친분을 쌓은 적도 없었고, 사
실 별다른 관심조차 갖지 않았던 대상이었다. 아마 남성이었다면
조금 편하게 접근할 수도 있었을 것이다. 하지만 어쩌겠는가. 제약
을 극복해야 결과가 나오는 것을. 굳게 마음 먹고 온갖 광고와 디
자인 자료들을 섭렵했다. 내가 떠올린 컨셉은 섹시함이었다. 청바

지와 20대 여성의 교집합은 섹시함이라 믿고, 최대한 도발적인 광고 카피와 섹시한 디자인을 채택했다. 젊은 미국 여성(물론 최고로 섹시한)이 몸에 딱 붙는 리바이스 청바지를 입은 채, 작고 귀엽고 앙증맞은 애완견을 데리고 샌프란시스코의 언덕을 내려오는 광경을 담았다. 착각은 언제나 자유다. 그때 나는 이 광고가 시장에서도 먹힐 만하다고 자신하고 있었다. 내심 최고 점수마저 기대해보았다. 하지만 결론은?

결과를 받아든 순간 이해할 수 없는 상황이 벌어졌다. 애완견 사진 주변에 커다란 빨간색 동그라미가 그려져 있는 게 아닌가. 옆에는 친절히 10점 감점이라고 쓰여 있었다. 도무지 납득하기 어려워 주먹을 불끈 쥐고 교수를 찾아갔다. 대답은 기가 찼다. 젊은 미국 여성들은 큰 사이즈의 애완견은 좋아해도 작은 사이즈의 애완견은 좋아하지 않는다나. 그게 무슨 엉뚱한 소리냐고 되묻고 싶었지만, 교수의 비수 같은 지적에 고개를 숙일 수밖에 없었다.

"자네, 실제 타깃은 보지도 않고 오로지 상상으로만 광고를 만들었군."

그 후 얼마 지나지 않아 '초콜릿 광고' 프로젝트가 과제로 주어졌다. 홍콩배우 장국영까지 출연해 한국에서 공전의 히트를 친 '가나' 초콜릿 광고가 떠올라, 유사한 컨셉으로 미국판 '가나' 초콜릿 광고

24

를 준비했다. 그러나 받아본 채점표에는 아주 큰 물음표가 그려져 있었다. '어째서 초콜릿이 사랑을 상징하는가?'라는 질문이었다. 나중에 알게 됐지만 미국에서 초콜릿은 에너지의 원천이지 사랑의 징표가 아니었다.

상상의 힘 VS 관찰의 힘

상상력, 창의성, 창조성…. 주입식 교육의 폐해가 야기되면서 언젠가부터 상상의 힘을 들먹이는 일이 잦아졌다. 상상력은 만병통치약이 아니거늘 상상의 힘을 과신하기 시작했다. 상상력의 의미를 왜곡해서 받아들이는 이들도 많아졌다. 책상을 지키고 앉아 머릿속으로 자유롭게 상상하면 온갖 창의적인 아이디어가 도출될 거라는, 믿기 어려운 속설이 번진 것이다. 사회에 이제 막 발을 들인 젊은 친구들에게조차 이 미신을 과대하게 주입하는 것 같아 두렵기까지 하다. 많은 대학생들이 상상의 힘을 믿고 각종 공모전에 덤벼든다. 물론 상상력의 중요성을 간과하거나 폄하하는 건 아니다. 상상력은 미래를 설계할 핵심 수단이다.

　하지만 상상력은 책상에서 나오지 않는다. 상상력의 출발 지점은 경험이다. 즉 손과 귀, 눈에서부터 상상력이 시작된다. 더 많이 봐야 보이지 않는 것까지 볼 수 있고, 더 많이 들어야 들리지 않는 것을 들을 수 있으며, 더 많이 접해봐야 접하지 못한 경험마저 실감할 수 있다. 창의적인 본능이라는 것도 경험과 관찰이 있어야 생겨난다. 상상의 시간이 필요하다고 해서, 현장 대신 책상으로 향하는 것은 잘못된 선택이다. 실제 책상에서 태어난 오류들 때문에 인간이 고생한 사례는 열거할 수 없을 만큼 많다. 현장에서 벗어난 생각은 상상이 아니라 몽상, 공상, 미몽에 가깝다.

미주리 대학 시절, 나 역시 상상의 힘을 너무 과신했다. 광고와 디자인 자료를 뒤질 시간에 오히려 20대 미국 여성을 만나는 게 현명한 판단이었을 것이다. 현장에서 그들을 관찰하고, 그들의 이야기를 들으며 아이디어를 얻었다면 보다 나은 상상력을 발휘할 수 있지 않았을까.

우리는 더 많이 관심을 가져야 한다. 그리고 더 많이 보고, 들으며 접촉해야 할 것이다. 그렇다면 무엇에 관심을 갖고, 무엇을 보고, 무엇을 들을 것인가. 나는 '시대성'이라 답하고 싶다. 세상의 모든 이야기는 시대성을 담고 있다. 그리고 시대성에는 당대 사람들의 모습을 넘어선 심리가 담겨 있다. 곧 시대성을 읽는다는 것은 동시대 사람들의 숨겨진 마음을 읽는 일이다. 시대성을 기반으로 나온 아이디어는 그 어떤 것보다 보편적이고 쉽게 퍼진다.

나는 다른 것을 본다

만화《미생》은 이례적으로 온오프라인 모두 성공한 콘텐츠다. 사실 바둑의 기보를 인생에 대한 해석으로 접근한 만화가 그리 새로운 시도는 아니다. 《미생》의 성공 요인은 저자의 뛰어난 관찰력에 있다. 사무직과 현장직의 거리감, 부서간의 알력, 수습과 비정규직의 비애, 피할 수 없는 동기들 간의 경쟁까지, 《미생》에는 직장인이 아니면 절대 공감할 수 없는 디테일이 살아 있다. 동시에 평생직장이라는 개념이 사라져가는 시대를 버텨야 하는 직장인들의 불안함이 묻어난다. 이를 위해 《미생》의 크리에이터 윤태호 작가는 3여 년 동안 취재와 인터뷰에 전력을 쏟았다고 한다. 그리고 다음과 같은 인사이트를 제시한다.

"먼저 시대를 떠올려야 아이디어가 나온다."

점심은 아침, 저녁과 다르다 —

"도대체 산수도 못 합니까? 지금 10인치 피자를 16,000원에 팔고 있는데, 어떻게 6인치 피자를 6,000원에 팔자는 제안을 합니까?"

피자헛에서 근무할 때 맞닥뜨린 실제 상황이다. 하루는 대표이사가 핏대를 올리며 나를 몰아붙였다. 내가 주중 한정 점심메뉴로 1인용 6인치 피자의 론칭을 제안했기 때문이다. 대표이사는 테이블 단가가 떨어질 걱정을 하고 있었다. 아닌 게 아니라, 고객 입장에서 6인치짜리 피자 2개를 시키면 12인치 피자가 12,000원. 굳이 16,000원을 내고 10인치 피자를 시킬 필요가 없어 보였다.

하지만 나는 이미 오래전부터 점심시간마다 고객을 관찰해왔다. 한국 사회의 점심문화는 단순히 밥 먹는 것 이상의 의미를 갖는다. 가족과 함께하는 아침, 저녁과 달리 점심은 주로 직장에서 해결한다. 여러 동료들과 함께하는 점심시간에는 사적이고 공적인 대화들이 수없이 오간다. 대화가 오가다 보면 메뉴도 오갈 수밖에 없다. 자기가 시킨 메뉴를 권하기도 하고, 상대의 음식을 가져다 먹기도 한다. 음식을 나누어 먹는 건 일종의 '리추얼'이다. 점심시간에 음식을 나눠 먹고 대화를 주고받으며 동료로서의 유대감을 쌓아간다. 그러기 위해서는 단일 메뉴보다는 다양한 메뉴가 더 어울린다.

게다가 피자는 나눠 먹는 재미가 큰 음식이다. 실제 피자집에서 피자만 시킨 적이 몇 번이나 되는가? 피자는 기본이고, 샐러드, 스파게티, 리조또 등 가급적 여러 가지 메뉴를 시키는 게 보통이다. 피자는 대형 사이즈를 주로 판매했기 때문에 점심메뉴로 그리 적합하지 않았다. 내가 관찰한 일부 고객은 양이 많은 피자 대신 사이드 메뉴인 파스타와 리조또를 주문하기도 했다. 피자 매장에서 피자를 판매하지 못하다니, 얼마나 큰 손해인가. 그래서 과감히 피자의 사이즈와 가격을 줄이자고 제안한 것이다. 피자 가격은 줄었지만 피자와 사이드 메뉴까지 포함하면 테이블 단가는 올라갈 거라고 자신했다. 나는 1인용 피자뿐 아니라 파스타, 리조또 등 7가지의 6,000원짜리 메뉴를 동시에 제안했다. 셋이 와서 16,000원짜리 2~3인용 피자를 시키지 않고, 1인용 피자, 1인용 파스타, 1인용 리조또 등 다양한 메뉴를 주문하면 오히려 테이블 단가는 18,000원으로 상승할 거라는 것이 내 주장의 요지였다. 대부분의 반대 속에 이 제안은 무산될 뻔했다. 하지만 다행스럽게도 전체 비즈니스에 영향 받지 않는 내에서, 즉 지방의 일부 매장에서 그것도 소규모로 한정하여 시도해보라는 결정이 내려졌다.

나는 당시 부산 지역에서 20여 개의 '피자헛' 가맹점을 운영하던 최광호 사장에게 달려갔다. 점심을 사먹는 직장인과 학생들의 모습을 관찰한 결과 점심시간 방문자 수와 객단가를 올릴 수 있다는 믿음을 피력했다. 평소 새로운 아이디어를 적극적으로 지원하는 성향의 그는 내 제안을 흔쾌히 받아들였고, 서면 지점을 비롯한 일곱 곳의 매장에서 '쁘띠런치'라는 브랜드로 시작되었다. 세월이 지난 지금 6인치 피자는 피자헛 매출의 최대 공신이 되었고, 최광호 사장은 한국 피자헛 최다 매장을 운영하는 프랜차이즈 오너가 됐다.

단 지금은 6인치 피자의 목적이 살짝 변질된 것 같아서 조금 안타까운 마음이다. 내가 생각했던 것은 애초부터 주중 점심시간에만 파는, 레스토랑 한정 메뉴였다. 언제 어디서든 6인치 피자를 시킬 수 있다면, 피자헛 피자가 다소 저렴한 이미지로 인식될 수 있기 때문이었다. '나눠먹는다'는 피자 본연의 즐거움이 사라진 것도 브랜드의 미래를 생각했을 때 씁쓸한 부작용이다.

시대성을 동적으로 읽어라

우리의 욕구는 시대성의 반영에서 출발한다. 시대성은 공상의 눈과 몽상의 귀로 보고 들을 수 없는, 동시대를 살아가는 사람들의 심리다. 현장에서 체화된 상상력만이 시대성을 담아낼 수 있다. 하지만 시대성을 잘 보고 읽었다 해서 반드시 '엄청난 인사이트'가 탄생하는 것도 아니다. 시대성에 발을 담그는 것은 좋지만 시대성에 매몰되어서는 안 된다. 시대성이란 환경과 시간의 변화에 따라 변해갈 수밖에 없다. 정적이지 않고 동적이다. 그렇다면 우리는 현시대보다 한 발짝 더 나아가야 한다. 시대를 빠르게 읽는 것만으로 부족하며, 다음 시대를 그릴 수 있어야 한다.

바비 Barbie 인형은 1950년대 미국 경제의 활력과 베이비부머 세대를 기반으로 등장한 제품이다. 외모 중심의 왜곡된 여성관이나 서구 중심의 미의식을 조장한다는 부정적 평가도 있지만, 성장기 소녀들의 꿈과 희망을 대변하는 브랜드로 지금껏 그 명성을 떨치고 있다. 바비인형이 이토록 장수하는 이유는 무엇일까. 혹자들의 말처럼 한낱 인형인데 말이다. 그것은 바비인형의 브랜드 담당자들이 시대를 빠르게 읽으며 새로운 모델을 끊임없이 만들어냈기 때문이리라. 애초 금발의 백인으로만 한정됐던 바비인형은 미국의 현대사를 거치며 흑인, 히스패닉, 아시아 인종으로까지 확대됐다. 최근에는 사회적 변화에 따라 본래의 수동적인 여성상에서 적극적인 여성들로 변모하며 영원한 판타지의 대상으로 자리 잡았다.

이런 변화는 '디즈니'에서 제작하는 애니메이션에서도 찾아볼 수 있다. 애초 왕자의 키스만을 바라던 여자 주인공들은 1990년대를 거치면서 오히려 왕자를 구원하는 상징적 존재로 변화하기 시작했다. 백인 중심의 캐릭터에서도 일찍이 벗어났다. 그 결과가 2014년 전 세계 극장가를 휩쓴 〈겨울왕국〉이다. 2014년 3월 〈겨울왕국〉은 10억 7,200만 달러의 수익을 기록하며 역대 애니메이션 흥행 1위에 올랐다. 전 세계 흥행작 중 10위에 해당하는 결과다. 영화 평론가들은 이러한 대성공의 요인 중 하나로 주제가 외에도 〈겨울왕국〉의 여성 캐릭터를 주목한다. 지금까지의 여성 주인공들과 달리 운명을 적극적으로 개척하는 엘사의 모습이 기존의 애니메이션 팬뿐 아니라 성인들까지 끌어들였다고 평가한 것이다. 실제 '디즈니'에서는 보다 시대성에 부합하고 시대를 선도하는 여성 캐릭터를 만들기 위해 기존 안데르센의 원작을 과감히 변형했다고 밝히고 있다.

마케터의 주된 활동무대는 지금, 바로 우리가 바라보는 현실이다. 하지만 이 지점에서 끝난다면 단순한 판매자에 그칠 뿐이다. 진정한 마케터라면 대중과 미래를 연결시켜주어야 한다. 미래는 대중의 욕구 안에 존재하지만 아직 누구도 경험해보지 못한 세계다. 마케터는 대중에게 새로운 경험을 선사하는 선험적인 존재다. 혁신을 낳는 아이디어는 몽상이 아닌 시대성을 기반으로 탄생한다.

작가는 민중보다 한발 앞서가라.
그러나 한 발은 민중 속에 딛고 있어라.

톨스토이

냉철한 프로파일러로
거듭나라

얼마 전 노스웨스턴 대학원 동문인 고려대 심리학과 허태균 교수의 《가끔은 제정신》이란 책을 읽었다. 최근 본 인문학 책 중에서 제일 재미나게 읽었을 만큼, 많은 인사이트를 느낀 책이었다. 책에 의하면 사람들은 하루에도 수십 번은 착각에 빠진다고 한다. 나는 평균 이상이라는 착각, 나는 좋은 사람이라는 착각, 그 사람과 친하다는 착각, 나는 착각하지 않는다는 착각 등, 말 그대로 착각은 자유란다. 그렇다. 우리 모두는 어쩌면 진실보다 더 많은 착각 속에 빠져 있는지도 모른다. 기업 입장에서는 고객이 알기 쉽게 제품에 대해 자세히 설명도 하고, 잦은 소통으로 브랜드의 존재를 알리기도 하고, 제품을 직접 체험할 기회도 많이 제공해주었기 때문에, 모두 자신의 브랜드나 제품에 관해 잘 알고 있을 거라 믿는다. 그러나 이런 믿음들은 대부분 '파는 자'의 순진한 착각에 불과하다. 기업이든 마케터 개인이든 자신이 속한 우물 안에서 세상을 보기 때문에 자신이 바라보는 시장이 전부라고 착각하기 쉽다. 그러나 막상 고객의 입장에서 생각해보자. 하루에도 헤아릴 수 없이 수많은 브랜드들이 동시에 자신을 봐달라는 구애의 메시지를 전해온다면? 각각의 브랜드는 어쩌면 백사장의 모래 한줌보다 못한, 미미하기 짝이 없는 존재처럼 느껴질 것이다. 그게 당연하다.

이처럼 우리는 일상에서뿐 아니라 일에서도 자주 착각을 한다. "이건 20대 여성이 살 거야.", "이건 40~50대 남성용인데.", "직장인들이 주로 사용하겠지." 하고 예측했는데, 막상 뚜껑을 열어보니 전혀 다른 결과가 나와서 깜짝 놀란 적이 없는가? 물론 소비자 스스로도 물건을 왜 사는지 정확히 알지 못하는 불투명한 시장에서, 100% 정확한 예측은 쉽지 않을 것이다. 그러나 그것마저 뛰어넘는 것이 바로 '파는 자'의 역할이다.

잃어버린 고리를 찾아라　　—

범죄수사 기법으로 프로파일링이란 것이 있다. 프로파일링이란 알고 있는 것 혹은 알게 되는 것(단서)을 통해, 알고 싶은 것(사건의 결과)을 찾는 작업을 지칭한다. 이런 임무를 전문적으로 하는 사람을 '프로파일러'라고 부른다. 프로파일러는 범죄심리분석관이라고도 하는데, 일반적인 수사로는 해결하기 힘든 연쇄살인사건 등의 수사에 투입되어 용의자의 성격, 행동유형 등을 분석하고, 도주경로나 은신처 등을 추정하는 일을 한다. 추리소설에서 프로파일러는 사건의 '미싱링크(잃어버린 고리)'를 찾는 사람이다.

　프로파일러가 무엇인지 알고는 있었지만, 우연히 어떤 기사를 읽고 난 후에 더욱 이 직업에 주목하게 되었다. 어느 여성 프로파일러를 인터뷰한 기사였는데, 그녀는 프로파일러가 갖춰야 할 덕목으로 냉철한 분석력과 공감능력을 꼽고 있었다. 뛰어난 프로파일러가 되려면 남과 다른 눈으로 현장을 살피고 분석하고, 상대(용의자)에게 공감하는 능력을 갖춰야 한다고 했다. 용의자에게 진심으로 공감하는 모습을 보여주어야 자신의 속마음을 털어놓기 때문이란다. 놀랍게도 마케터가 갖춰야 할 덕목과 크게 다르지 않았다.

　최근 비즈니스에서도 프로파일링이란 개념이 흔하게 쓰이고 있

나는 다른 것을 본다

다. 브랜드 프로파일링 역시 소비자들의 일상을 들여다보고 욕망을 찾아내는 과정을 총체적으로 일컫는 말이다. 중요한 것은 단지 눈에 보이는 소비 형태만 관찰하는 게 아니라는 사실이다. 프로파일링이라는 개념 자체가 심리적 접근을 정의하듯, 브랜드 프로파일링 역시 소비자들의 내면에 더 초점을 맞춘다. 일어날 수 있는 모든 착각까지 감안해서 움직이는, 철저한 프로파일러가 되어야 그들의 생각을 읽을 수 있다.

'누가'
그 물건을 사는 것일까

'럭키슈에뜨'는 유명 디자이너 김지현이 론칭한 쟈뎅드슈에뜨의 세컨드 브랜드, 즉 세컨드라인이다. 보급형이라는 세컨드라인의 특성상, 20대 여성이 주된 타깃이다. 디자인 또한 20대 여성을 겨냥해 경쾌하고 발랄한 데다 연예인들이 자주 입고 나와 젊은 여성들에게 인기가 많다. 그런데 예상 타깃과 달리 정작 이 브랜드를 가장 많이 구매하는 고객의 나이는 30대 후반이라고 한다. 세컨드라인이라고는 하나 20대 여성이 구매하기엔 다소 가격 부담이 있고, 마침 어려 보이면서도 스타일리시하게 입고 싶어 하는 요즘 30대 여성의 니즈와 잘 맞아떨어졌기 때문일 것이다. 여기까지는 어느 정도 예측 가능한 지점이다. 더 흥미로운 사실은 주머니가 얄팍한 20대 여성들이 이 옷을 사려고 엄마를 데리고 온다는 것. 엄마와 딸이 함께 입을 수 있는 캐주얼한 디자인의 이 브랜드는, 덕분에 40~50대 고객까지 얻게 되었다. 이렇듯 이론과 실상은 전혀 다르게 나타나기도 한다.

1990년대 중반까지 남성 속옷은 아주 당연하게도 남성 고객들을 상대로만 마케팅이 전개되었다. 누구도 이 점에 의문을 품지 않았다. 하지만 일부 선진적인 브랜드 전문가들이 실제 속옷 판매 동향을 조사하면서 새로운 사실이 도출됐다. 남성 속옷을 구매하는 고객의 과반수 이상이 여성이라는 점이다. 미국 최대 여성 속옷 전문회사인 '빅토리아시크릿'에서 진행하는 TV 패션쇼의 시청자 중 상당수가 남성이라는 사실처럼. 그때부터 남성 속옷의 타깃은 여성으로 점차 변하기 시작했다. 남녀 고객의 타깃이 엇갈리는 경우는 또 있다. 옥션에서의 여자화장품 구매자 비율을 보면 남성이 무려 32%를 웃돈다. 강한 향을 싫어하거나 피부가 약한 남성들이 여자화장품을 쓰거나, 여자친구에게 화장품을 선물하려는 남자들이 매장에 가기보다 온라인 사이트를 찾기 때문이다.

프로파일러가 '단서'에 의지해 범인을 찾는 것처럼, 우리는 '상식'

에 의지해 전략을 세우지만, 실제 소비자들의 욕망은 상식적이지 않을 때가 더 많다. 미국 비뇨기과 마케터들의 조사에 의하면, 남성이 성기 확대술을 하는 이유는 상대 여성을 만족시키기 위해서가 아니라고 한다. 오히려 대부분은 동성 남성들에게 지지 않기 위해 수술을 한다고(남성 사우나에 가보신 독자들은 쉽게 이해하리라). 마찬가지로 여성 역시 남성을 만족시키기 위해 가슴 확대술을 하는 게 아니라, 동성인 여성보다 나아 보이고 싶어서 수술을 한다는 사실이 조사에 의해 밝혀졌다.

예상 타깃에서 잘 팔렸다고 해서 가만히 앉아 있어서는 안 된다. 잃어버린 고리를 찾는 작업은 또 다른 이익을 낳기에, 끊임없이 새로운 관점에서 바라봐야 한다. 운동선수들이 손목 관절을 위해 차는 손목보호대는 임신부들에게 출산 후 관절을 보호해주는 산후조리용품으로 각광받고 있다. 엄마들이 모유 수유를 위해 자주 아이를 안아야 한다는 점도 손목보호대를 찾는 또 다른 이유다.

일명 '리빙박스'로 불리는 반투명 플라스틱 수납상자는 애초 의류나 액세서리 등을 수납하기 위해 개발됐지만, 최근에는 햄스터 등 작은 애완동물용 케이지(집)로 인기가 높다. 애완동물용 케이지에 비해 가격은 절반이지만 크기가 크고 소음도 적기 때문이다.

유아를 위해 개발한 아기용품이 여성용품으로 변신한 경우도 있다. 옥션에서는 유아용 물티슈 구매고객의 35%가 바로 20대 여성이다. 유아용 비누 역시 여성 속옷용 세제로 둔갑(?)했다. 저자극성 제품을 원하는 여성들이 유아용 비누 등의 유아용품을 찾는다는 것이 옥션의 분석이다.

맥주 소비에서도 재미있는 흐름을 찾을 수 있다. 술이라고 하면 당연히 남자들이 주된 타깃이라고 생각하겠지만, 대한민국 맥주 소비의 주도권은 남성에서 여성으로 바뀌었다고 해도 과언이 아니다. 바야흐로 대한민국 맥주 '병권'은 여성에게 넘어갔다고 볼 수 있다. 물론 아직도 절대적인 소비자 수나 음용량에서는 여성이 남성을 쫓아올 수 없다. 남자들이 맥주를 훨씬 더 자주 마시는 것은 자명하다. 하지만 최근에는 더 자주 더 많이 마시지 않는 여성들이 오히려 맥주를 구매할 때 더 중요한 역할을 하고 있다.

1990년대 초에는 가정 내에서 맥주를 소비하는 비중이 전체 맥주 소비의 고작 30% 정도로, 집 밖에서의 소비에 비해 비중이 현저히 적었다. 그러던 것이 음주단속 강화, 주5일제 근무 실시, 가족 위주의 라이프스타일 정착 등으로, 최근 가정 내 맥주의 소비 비중은 전체 맥주 소비의 약 50%까지 상승했다. 대형 마트의 맥주 매대를 보다 보면 공통적으로 재미있는 현상이 눈에 띈다. 남성이 먼저 매대 앞으로 다가가서 사고 싶은 맥주를 손에 들고 함께 온 여성에게 사도 되냐는 신호를(허락을) 보낸다. 그때 여성이 고개를 좌우로 저으면 두말하지 않고 이내 다른 브랜드를 집어 들고 여성의 선택을 기다린다. 집에서 맥주를 마시게 해준 배려도 고마운데 어찌 감히 브랜드 선택까지 욕심낼 수 있으랴. 집 밖에서 맥주를 마실 때도 크게 다르지 않다. 과거 남성 위주의 시대와 달리 남녀 여럿이 단체로 맥주를 마시는 상황이기에, 함께 참석한 여성 소비자의 브랜드 선호도는 매우 결정적인 요소로 작용한다.

이제 여성 소비자를 빼놓고는 인기 있는 맥주 브랜드로 인정받기 힘든 시대가 되었다. 트렌드에 민감한 젊은 여성만이 아니라, 예전보다 정신적으로 많이 젊어진 주부층의 영향력도 간과할 수 없다. 오늘날 주부는 남편을 대신한 브랜드 결정권자이자 직접적인 소비자다. 또한 주부들은 음주량이 아닌 '구전력'에서도 영향력을 발휘한다. 일단 브랜드가 맘에 들면 자식 자랑 못지않게 알아서 주변에 소문을 내기 때문이다. 그러한 면에서 맥주광고에 평소 마음을 설레게 하는 꽃미남 모델이나 카리스마 넘치는 마초남이 등장하는 것은 어찌 보면 지극히 당연하다. 바야흐로, 여성의 마음을 훔치는 맥주만이 살아남을 수 있다.

대체 '왜' 사는지를
들여다보라 —

프로파일링은 브랜드 가치를 만드는 일과도 직결된다. 범인을 잡으려면 그 범인의 입장이 되어야 하는 것처럼, 사람들이 왜 물건을 사는지를 들여다보면 새로운 가치가 보이고 판로가 보인다. 가령 손목시계를 생각해보자. 거의 24시간 손에 들고 다니는 핸드폰 덕분에, 시계가 그 기능적인 면을 잃어버린 지는 이미 오래다. 오늘 하루 시간을 보기 위해 몇 번이나 시계를 들여다봤는지 한 번 세어보라. 시계를 차고 있으면서도 핸드폰 화면을 들여다본 것이 대부분일 것이다. 그래서 시계를 파는 회사들은 '이제 시계는 기능이 아니라 패션으로 입는다'라는 캐치프레이즈를 들고 나왔다. 그중에서도 괄목할 만한 성장을 거둔 회사가 바로 스와치다. 스와치는 사람들이 더 이상 시간을 보기 위해 시계를 사지 않는다는 사실을 알게 된 다음부터, 즉 패션의 용도로 시계를 찬다는 사실을 알아차린 후부터 스와치를 손목에 포인트를 주는 액세서리 아이템으로 바꾸어버렸다. 톡톡 튀는 디자인과 상대적으로 저렴한 가격 덕분에 우표를 수집하는 것처럼 스와치 시계를 모으는 이들마저 생겨났다. 사람들에게 이제 시계는 패션 도구처럼 여러 개를 소유해야 한다

나는 다른 것을 본다

는 인식을 심어주는 데 성공한 것이다.

몰스킨 역시 이와 비슷한 사례다. 스마트폰이 득세하면서 손으로 메모하는 수첩의 기능 역시 점점 약해지고 있다. 강연장에 가면 강사의 강연 내용을 메모하는 이들은 거의 찾아보기 힘들고, 강연 PPT를 찍거나 스마트폰 메모장을 이용하는 이들이 부지기수다. 하지만 수첩의 기능이 점점 퇴보하고 있는 상황에서 오히려 가치를 높여가는 브랜드도 있다. 바로 몰스킨이다. 몰스킨은 비슷한 다른 제품들보다 월등히 비싸다. 80페이지 남짓의 노트가 2만 원 가까이 하니, 언뜻 보면 비합리적인 소비에 가깝다. 하지만 몰스킨은 '마티스, 반 고흐 등 예술가들이 사용했던 제품'이라는 카피와 함께, 몰스킨만이 줄 수 있는 지적인 이미지를 선사한다. 실제 제품이 엄청나게 고급스럽다기보다 이 수첩을 쓰면 나의 가치가 올라간다는 품격을 느끼게 함으로써 소유욕을 자극한다. 모든 기기가 디지털화되면서 우리가 몸에 지니고 다니는 물건들의 개수는 확연히 줄어들었다. 그 덕분에 사람들은 꼭 가지고 다녀야 할, 혹은 이왕 가지고 다닐 물건에는 과감한 투자를 아끼지 않는다. 굳이 바꿀 때가되지 않았는데도 최고급 신형 스마트폰을 구입하거나, 반드시 필요치 않은 블루투스 헤드폰을 사는 이유도 이와 비슷하다. 청소년들이 값비싼 스마트폰에 열광하는 것도, 예쁘고 개성 있는 디자인으로 튜닝하는 것도, 모두 자신을 드러내는 상징의 일환으로 생각하기 때문이다. 사람들의 심리, 물건을 사기까지의 과정, 즉 디시전 트리 ^{Decision Tree}를 차근차근 타고 올라가보라. 그러면 답이 보이게되어 있다.

최고가 아닌 최선의 선택   —

혹시 온라인이나 홈쇼핑에서 옷을 주문한 후 입어봤는데, 모델과는 전혀 다른 느낌이 나서 당황한 적 없는가? 누구나 한 번은 이러한 경험이 있을 것이다. 상대야 모델이니 당연히 다를 거라고 예상은 했지만, 달라도 너무 달라서 당황함을 뛰어넘어 서글퍼진다는 사람도 있다. 이유야 굳이 말할 것도 없이 '체형' 때문이다. 속된 말로 생긴 게 다르니 어울리는 옷도 다른 것이다. 옷 잘 입는 사람들의 공통점은 더도 덜도 아닌 딱 하나다. 자기 자신에 대해 속속들이 파악하고 있다는 것. 내가 무엇을 입었을 때 가장 예쁘고 멋진지를 잘 아는 사람이 진짜 멋쟁이다.

브랜드도 마찬가지다. 프로파일링은 우리의 브랜드 가치를 재점검하는 일이기도 하다. 각자에게 어울리는 옷이 있듯이, 사람의 입맛이 제각기 다르듯이, 브랜드에도 엄연한 자기만의 가치, 특성이 존재한다. 그런데 종종 자기 브랜드를 제대로 파악하지 못한 채, 잘나가는 제품의 마케팅을 벤치마킹하느라 바쁜 이들이 있다. 자신의 체형에 어떤 옷이 가장 잘 어울릴지 생각하지 못하고 지금 유행하는 옷, 남들이 입어서 예쁜 옷만 따라 입는 것처럼.

가끔 신입사원들이 들고 오는 기획안이나 전략서를 읽다 보면, 브랜드 가치와 전혀 맞지 않는, 그러나 겉으로는 왠지 혹하게 보이는 전략들이 눈에 들어온다. 가령 범용적인 제품으로 적합한 브랜드를 굳이 명품으로 만들 이유가 있을까? 혹은 명품을 굳이 대중적으로 포지셔닝할 필요가 있을까? 자신이 어떤 스타일인지, 즉 브랜드 가치를 명확하게 이해해야 뛰어난 전략이 나온다.

준명품 시장에서 승부수를 띄워 제대로 성공한 브랜드 중 하나가 바로 '투미TUMI'다. '투미'는 엄청난 고가의 명품은 아니지만, 명품을 들고 싶은 욕구를 충족하는, 자기만의 가치를 영리하게 어필한 브랜드다. 비즈니스 백, 트래블 백, 데이 백이라는 세 가지 컨셉을 내세워 명품에는 없는 활동성과 편리함을 강조했으며, 명품에 비해 경제적인 부담을 낮추려 애썼다. 더불어 가방에 비교적 많은 돈을 쓰지 않는 남자들에게, 이 정도는 들어줘야 '스타일리시한' 남자라는 이미지까지 심어주었다. 고유의 브랜드 가치와 소비자들의 심리를 잘 관찰한 프로파일링이 성공한 예라 하겠다.

마케터는 프로파일러와 같은 길을 걷는다. 프로파일러는 주어진 단서와 현장을 토대로 용의자의 심리적 정황을 파악해 도저히 풀 수 없었던 난제를 해결한다. 우리가 할 일도 소비자들의 내면과 교감해 불편을 해소하고, 욕구를 충족하고, 불가능해 보였던 시장을 정복하는 것으로 정의할 수 있다. 책상 앞에 앉아 보이는 것을 추론하는 대신, 직접 보이지 않는 것을 찾아 헤매라. 그 길은 멀고 험하지만, 모든 문제는 보이지 않는 길에서 풀리게 될 것이다.

오로지 자신의 마음을 바라볼 때
비전이 선명해진다.
밖을 보는 자는 꿈꾸는 자요,
안을 보는 자는 깨어 있는 자다.

카를 구스타프 융

파도가 아닌
바다의 흐름을 읽어라

혹시 20세기 최고의 뮤지션이라
불리는 비틀스 멤버들이 악보를 전혀 그릴 줄 몰랐다는 사실을 알고
있는가. 존 레넌과 폴 매카트니는 악상이 떠오를 때마다 음계표를 그
리는 게 아니라, 바로 녹음기에 대고 기타 연주를 시작했다고 한다.
오선지는 없었어도 항상 기타를 들고 다녔기에 언제 어디서든 작곡
할 수 있었다고. 지금의 비틀스를 만들었다 해도 과언이 아닌 명곡
'예스터데이 Yesterday'는 폴 매카트니가 잠결에 떠올린 멜로디에서 출
발했다. 악보를 못 그리니 악상을 잊어버릴까 두려워 몇 주 동안 말
도 안 되는 가사를 붙여서 부르고 돌아다녔다는 일화가 전해진다.

나는 다른 것을 본다

어디 비틀스뿐이랴. 완벽한 인재라서 성공하는 시대는 끝났다. 바느질에 서투른 의상 디자이너도 런웨이에 모델을 세울 수 있다. 바느질과 재단은 전문가에게 맡기면 되니까. 설계도면을 못 그리는 건축가, 시나리오를 못 쓰는 영화감독도 얼마든지 최고의 자리에 오를 수 있다. "한 명의 천재가 가진 아이디어보다 여러 사람의 지혜 Collective Wisdom 가 더 낫다."는 《메이커스》의 저자 크리스 앤더슨의 말처럼, 이제 모든 장르는 종합예술화되고 있다. 그럴수록 더욱더 필요한 능력이 있다. 바로 전체를 읽는 힘이다. 경계가 무의미한 시대에는 메커니즘을 거머쥐는 사람이 진정한 승자가 된다.

사실 나는 오비맥주에 입사하기 전까지 술에 대해서 잘 알지 못했다. 맥주를 엄청나게 좋아한 것도 아니었다. 어쩌다 맥주집에 가는 평범한 고객에 불과했기에, 주류시장의 생리에 대해 알 턱이 없었다. 사실 피자헛에 입사하기 전에도 마찬가지였다. 피자는커녕 이탈리아 음식에 관해서는 오히려 문외한에 가까웠다. 맥도날드에서 근무하기 전까지도 내게 햄버거는 단순한 음식이었을 뿐이다. 외식업에서 종사한 것도 아니었다. 하지만 그 분야의 전문가는 아니었을지 몰라도 시장의 흐름을 읽는 데는 자신이 있었다. 관심의 대상만 달라졌을 뿐 판을 읽는 방식은 똑같으니까.

오늘날 제조회사들의 기술력은 다들 엇비슷한 수준이다. 과거에는 선두주자가 신기술을 개발하면 후발주자가 쫓아오기까지 상당한 시간이 필요했다. 그러나 오늘날은 아무리 혁신적인 제품을 만들었다 해도 6개월이면 비슷한 제품이 따라나온다. 성공하는 것보다 성공을 지켜내기가 더 어려운 시대, 승부의 추는 전체를 보는 힘에 달려 있다 해도 과언이 아니다. 모든 사람과 브랜드와 서비스를 하나로 연결해야 하는 우리에게 필요한 능력은, 우연처럼 보이는 모든 것을 '필연'의 결과로 만드는 것이다. 애초 세상에 우연은 없다고 생각하자. 오로지 우연을 가장한 필연만 있을 뿐. 그러려면 파도가 아닌 바다의 흐름을 볼 수 있어야 한다.

기술이 아닌 재미를 찾다

한때 '나이키의 경쟁 상대는 닌텐도'라는 말이 일종의 법칙처럼 유행한 적이 있다. 닌텐도 게임이 워낙 대세이던 시절, 사람들이 모두 거실 TV 앞에 모여 있느라 밖에서 운동하는 시간 자체가 줄어들었음을 비유한 말이다.

하지만 대세는 다시 나이키 쪽으로 기울었다. 나이키도 아예 운동화에 게임기를 달아버렸기 때문이다. 바로 2006년 나이키와 애플이 합작해 만든 '나이키플러스'다. 나이키플러스는 운동화 밑창에 GPS 센서를 부착해 운동 속도와 거리, 칼로리 등의 데이터를 아이폰 기기를 통해 실시간으로 보게 만든 시스템이다. 사람들은 50달러면 살 수 있는 운동화를 100달러 넘게 지불하면서도 나이키를 선택했다. 자신의 운동량을 자동으로 측정할 수 있는 데다 어느 곳을 달렸는지도 친구와 공유할 수 있기 때문이다. 단순한 칩 하나로 조깅이 몇 배는 더 즐거워진 것. 나이키플러스는 신제품을 갈망하던 직원들이 내놓은 아이디어였지만, 더 좋은 기능의 운동화를 만들겠다는 의지에서 출발한 것은 결코 아니다. 그들은 조깅하던 사람들을 관찰하던 중 하나같이 귀에 이어폰을 끼고 달린다는 사실에 주목했다. 아이팟 사용자의 50%가 음악을 들으며 뛴다는 것도.

나이키플러스에 대한 초기 반응은 희한한 서비스가 나왔다는 것 정도였다. 자칫하다가는 일부 얼리어답터들의 전유물에 그칠 수도 있었다. 하지만 나이키는 다시 한 번 전체적인 흐름을 간파했다. 조깅은 원래 홀로 달리는 '외로운' 운동이다. 나이키는 조깅이 다소 지루할 수도 있다는 점에 착안해, SNS를 통해서 다른 사람들과 달리기를 '공유하는' 재미를 추가했다.

뒤이어 출시된 손목시계 형태의 '나이키플러스 퓨얼밴드' 역시 이러한 재미를 배가한다. 센서가 파악한 운동량을 실시간으로 보여주는 이 제품은 스마트폰, 스마트패드, PC 등과 클라우드로 묶여 있어, 친구를 맺은 이들과 선의의 경쟁을 벌이기 안성맞춤이다. 잘하면 축하도 해주고 페이스북이나 트위터로 다른 이들과 시합도 한다.

이러한 결과는 혁신적인 기술이 아니라 시장의 흐름을 읽은 데서 비롯된 것이다. 세계 최고의 브랜드를 자랑하는 나이키는 더 좋은 품질의 제품에 집착하는 대신, 소비자가 무엇을 원하는지를 주목했다. 저스트 두 잇$^{Just\ Do\ It}$이라는 도전정신을 강조하는 대신, 디지털상에서 함께 나누고 참여하고 싶어 하는 스마트 시대의 흐름을 읽었다. IT와 제조업의 만남이라는 단순한 영역 파괴가 아니라, 나이키만의 인사이트다.

하나를 보면 열을 안다?

하나를 보면 열을 안다는 말이 있다. 그런데 간혹 이 말을 잘못 해석한 이들이 지극히 일부만 보고 성급한 판단을 내리기도 한다. 작은 실마리 하나로 전체를 읽어야 한다는 당부이거늘.

미국은 거대한 나라다. 워낙 넓어서 지역마다 고유의 특성과 문화가 별개로 흘러갈 수밖에 없다. 우리나라 사람들이 많이 사는 LA를 보자. LA는 다른 미국의 대도시에 비해 상대적으로 인구밀도가 떨어진다. 직장과 거주지역이 멀리 떨어져 있어서 길에서 많은 시간을 보낸다. 대중교통보다 차를 갖고 다니도록 설계된 도시인만큼 자연히 자동차에 투자를 아끼지 않는다. 집도 자연히 큰 집을 선호한다. 당연히 가전제품도 큰 집에 어울리는 것을 선호한다.

반면 뉴욕은 어떤가. 뉴욕 사람들이 유난히 옷을 잘 입는 데는 다 이유가 있다. 뉴욕은 인구밀도가 매우 높은 도시다. 땅값도 비싸고 집세도 어마어마해서 웬만한 직장인 연봉으로는 집에 돈을 쓰기 쉽지 않다. 자동차는? 교통체증과 주차비를 감안한다면 자연히 대중교통을 선호할 수밖에. 그렇다면 뉴욕 사람들은 어디에 돈을 쓸까? 소비는 자신을 과시하는 수단이다. 뉴욕 사람들은 옷이나 시계, 가방 등으로 자신을 보여준다. 당신이 매우 섹시한 명품 시계를 팔아야 한다면 미국의 어느 주부터 공략하는 게 유리할까? 당연히 뉴욕이라고 답할지 모르겠지만, 현상 아래 존재하는 이유를 알고 답하는 것과 그렇지 않은 것은 천지 차이다.

파도는 순간의 물결이다. 수면 아래에는 파도보다 강한 바다의 흐름이 존재한다. 수면 위 파도만 보면, 인간은 앞으로 나아갈 수 없다. 바다의 흐름을 읽어야만 파도를 타고 바다를 즐길 수 있다. 세상을 바라보는 시각도 마찬가지다. 트렌드는 파도일 뿐이다. 트렌드에 맞춘 기획과 전략을 짜기 전에 한 발 물러서서 판의 흐름을 점검해야 한다.

폭탄주에 숨겨진 비밀   —

오비맥주에 입사하고 나서 이런저런 자료를 살펴보는데 한 브랜드가 눈에 들어왔다. 2007년에 출시된 '카스 레드^{Cass Red}'였다. 카스 레드는 알코올 도수가 너무 낮다는 일부 소비자의 불만을 잠재우기 위해 만든 6.9도의 '고알콜 맥주'다. 하지만 실상은 당시 유행하던 소맥(소주와 맥주의 혼합주)의 유행에 편승해 내놓은 일종의 '레디메이드 소폭'이다. 4.5도의 맥주 80%와 19도의 소주 20%를 섞으면 대략 6.9도의 소주 맛이 약간 나는 맥주가 만들어진다. 그러나 이는 맛과 도수로는 소비자를 만족시켰을지 몰라도, 정작 소비자의 재미를 빼앗은 제품이 되었다. 그들이 진짜 원하는 것은 6.9도 혼합 주류가 아닌, 맥주와 소주를 섞어 마시는 '리추얼'이기 때문이다.

  미국의 바^{Bar}에 가면 제각기 서서 병맥주를 들고 마시는 모습을 볼 수 있다. 당연히 작은 사이즈의 맥주가 잘 팔린다. 반면 우리나라는 여럿이 맥주를 나눠 마시는 문화를 선호한다. 각자 알아서 따라 마시면 왠지 각박하다고 여긴다. 500ml의 병맥주가 잘 팔리는 것도 그러한 이유다. 혼자서 한 번에 마시긴 부담스럽고 둘이서 나

뒤 마시면 양이 조금 남는 크기 아닌가.

　우리는 모종의 합의가 있었던 것도 아닌데 기쁠 땐 맥주를, 슬플 때 소주를 나눠 마신다. 리추얼은 의미가 부여된 일종의 의식이다. 술자리에는 각양각색의 리추얼이 존재한다. 서로 술을 따라주거나 건배를 외치며 잔을 부딪치는 행동, 병뚜껑을 숟가락이나 라이터로 '뻥' 소리를 내며 따는 것, 모두 리추얼이자 재미다. 폭탄주 역시 리추얼에서 탄생한 문화다. 단순히 취하기 위해서만 섞는 게 아니라는 얘기다. 만드는 과정부터 우리는 술을 즐기기 시작한다. 어떤 비율로 섞을 것인지, 어떻게 해야 색깔이 예쁘고 적당한지, 술을 얼마나 흔들 것인지, 어떤 방식으로 잔을 비울 것인지 등 각종 아이디어를 내며 술을 '말기' 시작한다. 탄성과 환호성이 교차하는 그 시간은 자체로 한 편의 쇼가 된다. 이러한 즐거움과 재미를 깡그리 앗아간 '기성품 소폭'에 누가 관심을 갖겠는가.

　카스 레드는 소비자의 인사이트를 제대로 읽지 못한 탓에 지금은 최소 생산단위만으로 브랜드 명맥을 유지하고 있다. 도수가 높은 맥주를 선호하는 일부 소비자들이 있기는 하지만, 이들이 처음 겨냥했던 진정한 타깃은 아닐 것이다. 대신 의외로 몽고와 같은 추운 지방 국가들에서는 선풍적인 인기를 구가하고 있다. 추운 날씨를 피하기 위해 상대적으로 고도주를 선호하는 이들에게는 카스 레드가 최상의 맥주였을 것이다. 그러나 이 맥주가 애초 체온 보호나 빠른 취기를 위한 것은 아니었기에 한편으론 씁쓸하다. 어쨌거나 이를 통해 카스 제품들이 몽골에서 1등 국민맥주로 판매되고 있으니 (의도한 일은 아니었지만) 결과적으로는 축하할 일이다.

식당에 가서 술을 시키면 일명 폭탄주 잔을 가져다준다. 나 역시 경쟁사처럼 폭탄주 잔을 만들어보라는 조언을 지긋지긋할 정도로 많이 들었다. 한때 막걸리가 유행하던 시절에는 후배 직원들이 'OB 막걸리'를 만들자며 제안하기도 했다. 하지만 그럴 때마다 나는 "절대 트렌드를 따라가지 말자. 우리가 시대를 제대로만 읽는다면 트렌드는 따라오기 마련이다."라며 다독였다. '우리도'라고 말하는 순간, 무엇이든 뒷북으로 전락한다. 언제나 '우리는'으로 가야 한다.

비틀스의 멤버들은 악보를 그리는 대신 음악을 연구하고, 시대를 읽었을 것이다. 나이키는 집 밖으로 사람들을 끌어내기 위해 더 좋은 기능의 운동화에 집착하는 대신, 조깅하는 사람들의 심리와 행동을 관찰했을 것이다. 눈앞의 것만 읽으면 따라가기에 급급하다. 보이지 않는 부분을 읽어내야 한 발 앞선 아이디어를 낼 수 있다. 그러려면 파도 대신 바다의 흐름을 읽어야 한다.

현상은 복잡하다. 법칙은 단순하다.
법칙을 뽑아내라.

미셸 루트번스타인 · 로버트 루트번스타인의
《생각의 탄생》 중에서

친구와 적부터 구별하라

초등학교 3학년 아들에게 물었다.

"나중에 크면 뭐가 되고 싶니?"

묻고 나니 요즘 애들은 뭐라고 대답할지 내심 궁금했다. 어릴 적 나나 내 친구들은 이런 질문을 받으면 으레 과학자, 대통령, 비행사, 선생님 등 평소 관심 있는 직업을 대곤 했다. 그런데 21세기를 살아가는 요즘 아이, 아들 녀석의 답은 이랬다.

"이승기 같은 엘리트가 되고 싶어요!"

전혀 예상치 못한 답에 조금 당황했다. 연예인이 되고 싶으냐고 물으니, 꼭 그렇지도 않단다. 그렇다면 왜 이승기가 롤모델이냐고 물었더니 얼굴도 잘생기고, 재주도 많고, 똑똑하고, 착하고, 활동도 많이 해서 돈도 잘 벌고 인기가 많아서란다. 생각해보니 꽤 기특한 대답이었다. 우선 자기 나름대로 '엘리트'에 대한 정의를 내린 것이 놀라웠고, 특정 직업이 아닌 인성적인 측면까지 염두에 두고 있다는 점도 반가웠다. 처음에는 하나의 직업을 꼭 집어 말하기엔 아직 경험이 부족한가 싶었지만, 나중에는 아들이 말한 '엘리트'라는 개념을 교육 목표로 활용해도 좋겠다는 생각으로 바뀌었다. 우리는 오랜 경험을 통해 어떤 직업을 갖느냐보다 어떤 사람이 되느냐가 훨씬 더 중요함을 잘 알고 있다. 나는 아들이 특정 직업을 목표로 했을 때보다 몇 배는 더 성장할 거라 믿어 의심치 않는다.

동족상잔의 비극을 막아라

아이뿐 아니라 브랜드도 마찬가지다. 무엇을 목표로 하는지에 따라, 즉 어떤 리그에 집어넣어서 어떤 경쟁을 시키는지에 따라, 브랜드의 운명은 확연히 달라진다. 음악적 재능이 풍부한 아이에게 축구를 시킨다고 가정해보자. 그 아이가 다른 아이들보다 축구를 못한다고 해서 무능하다고 볼 수 있을까? 메이저리그에서 맹활약하는 추신수 선수는 어떤가. 뛰어난 선구안, 높은 출루율, 투수를 지치게 하는 능력 등을 감안했을 때, 그는 리그 톱타자라 부르기에 손색이 없다. 추 선수를 1번이 아닌 4번으로 보낸다면 지금만큼의 성적이 나올지는 장담할 수 없는 일이다.

따라서 브랜드를 어떤 카테고리에 집어넣어 경쟁시킬지, 즉 어떻게 범주화^{categorization}할 것인지는 매우 중요하다. 범주화는 요즘처럼 기업이 취급하는 브랜드나 제품이 늘어나는 시대에 특히 효과적이며, 다양한 브랜드 포트폴리오를 관리하는 데는 필수다.

실제 하나의 기업이 여러 브랜드를 갖고 있는 모습을 흔히 볼 수 있다. 자동차 기업 BMW사는 BMW, 롤스로이스, 미니라는 3개의 브랜드를 보유하고 있다. SPC그룹에는 파리바게트, 던킨도너츠, 파스쿠치, 빚은, 잠바주스 등 10개 브랜드가 한지붕 아래서 살고 있다. 삼성에서 생산하는 핸드폰만 해도 모두 '갤럭시'로 통합되진 않는다. 브랜드가 늘어나고 신규 브랜드 출시가 잦아질수록, 각 브랜드는 차별성이 퇴색하면서 무방비로 시장에 공존하게 된다. 야구로 치자면 1루수인 이대호, 김태균, 이승엽, 박병호가 같은 팀에 있는 것과 마찬가지다. 최고의 선수들이 하루아침에 벤치워머로 전락할 수 있다는 얘기다.

2010년 오비맥주에 합류했을 때도 이러한 상황이었다. 당시 주력 브랜드인 'OB블루'와 '카스'는 매우 유사한 제품 속성을 띠고 있었다. 경쟁사는 '하이트'라는 단일 브랜드로 승부하는데, 우리는 2개의 브랜드로 쓸데없이 힘을 낭비하고 있었던 셈이다. 반면 경쟁사의 '맥스'는 별다른 라이벌 없이 주도권을 장악하고 있었다. OB블루와 카스, 그리고 하이트가 시장에서 '목 넘김이 좋아서 마시기 편한 맥주'라는 카테고리로 한데 묶여 있던 반면, 맥스는 '이들보다는 맛이 진한' 맥주로 차별성을 강조했기 때문이다.

이렇게 된 이유는 무엇일까. 아주 간단하다. 카테고리를 제대로 나누지 못했기 때문이다. 오비맥주는 'OB'와 '카스'를 주력으로 내세우던 두 회사가 만나서 구성됐다. 그러고는 눈에 띄는 변화를 가하지 않은 채, 다소 안일한 자세로 눈에 보이는 브랜드로만 범주화한 것이다. 이른바 동족상잔^{Cannibalization} (자사의 제품끼리 경쟁함으로써 발생하는 자기 잠식)의 비극이다.

적을 정하면
싸움이 쉬워진다 ─

이대로는 승산이 없겠다는 생각이 들었다. 오비맥주가 생산하고 있는 주요 브랜드들의 차별성을 더 확실히 해야겠다는 판단이었다. 오랜 논의를 거친 끝에 오비맥주의 브랜드 포트폴리오를 다시

짜기로 했다. 우선, 대한민국의 소비자 맥주 음용패턴과 제품별 매출자료, 소비자 맥주 기호조사 등을 통해 카테고리를 다음과 같이 나누었다.

❶ 목 넘김과 청량감이 좋은 맥주
❷ 맥주 본연의 깊고 풍부한 맛을 지닌 맥주
❸ 가볍고 부담 없이 즐길 수 있는 맥주

보통 주류는 도수나 형태 등 눈에 보이는 키워드로 나눈다. 하지만 이런 카테고리는 생산자들만이 관심을 갖는 부분이다. 소주의 도수가 18.5도인지 18도인지 따져가면서 마시는 사람은 많지 않을 것이다. 독한지, 순한지 정도만 구분할 뿐이다. 우리의 목표는 ❶ 목 넘김과 청량감이 좋은 맥주, ❷ 맥주 본연의 깊고 풍부한 맛을 지닌 맥주, ❸ 가볍고 부담 없이 즐길 수 있는 맥주를 대한민국에 존재하는 3대 맥주 제품그룹으로 확정하고, 이에 맞는 제품을 준비하는 것이었다. 카스는 ❶번의 속성을 강화했고, 기존의 'OB블루'는 ❷번의 속성을 강화해 'OB골든라거'로 재탄생시켜 포진했다. 마지막으로 카스라이트는 리포지셔닝하여 ❸의 속성을 강화했다. 이렇게 나누고 나니 친구가 보이고 적이 구분되었다. 카스의 적은 하이트가 되고, OB골든라거의 적은 맥스가 되는 것이다. 오비맥주의 카스와 OB골든라거는 친구가 되어서 서로 같은 장바구니에 담기게 됐다. 반면 경쟁사는 하이트의 침체를 막기 위해 신제품 드라이피니시d를 시장에 내놓았는데, 결과적으로는 같은 회사 제품인 하이트와 드라이피니시d가 동일한 카테고리 내에서 제 살을 깎아먹는 상황이 벌어졌다.

현재 오비맥주의 3개 제품 브랜드는 서로 다른 속성으로 구분한 덕분에, 치열한 경쟁 상황에서도 각각의 매출 및 점유율이 상승하고 있다. 이러한 세분화^{segmentation}와 포지셔닝^{positioning}의 결과, 브랜드의 주적과 경쟁상대가 명확해졌고, 목표로 하는 타깃도 훨씬 더 정교해졌다. 맥주는 어떤 소비재 제품보다 판매처가 많고 다양한 편인데, 제품의 속성별 이미지를 나누고 나서부터는 각 제품별 주력 판매처가 자연스럽게 구분되는 결과도 얻게 되었다. 브랜드 수가 늘어나다 보면 효율적인 브랜드 포트폴리오가 반드시 필요하다. 한정된 예산을 브랜드별로 쪼개 써야 하고, 브랜드 캠페인의 시기도 서로 상충되지 않게 조율해야 한다. 공략하려는 타깃도 서로 중복되지 않게 구분해야 하고, 전달되는 브랜드 메시지도 서로 달라야 한다. 각각의 브랜드를 멀리 떨어뜨려야 각자가 산다.

이러한 카테고리는 한 번 만들었다고 절대 바뀌지 않는 것이 아니고, 만들 수 있는 경우의 수 역시 엄청나다. 소비자에게 의미가 있다고 판단해 나누었지만, 그만큼의 효과를 거두지 못하면 다시 바꿀 수 있는 유기적인 것이다.

우리는 흔히 무엇이든 단순하게, 심플하게 생각하자고 이야기한다. 이는 고민을 적게 하자는 의미가 아닐 것이다. 카테고리만 제대로 정해도, 싸워야 할 상대가 누구인지 정확히 알기만 해도 전략은 한결 단순해진다. 내가 먹어야 할 파이가 무엇인지를 아는 것은 매우 중요하다.

싸움판은 끊임없이 달라진다 —

한 번 진입한 카테고리에서 좋은 성적을 거두었다고 해서 안심하고 머물 수 있는 것은 아니다. 2010년에 저칼로리 맥주로 리뉴얼한 '카스라이트'의 경우, 제품의 특장점을 강조하다 보니 맥주 본연의 즐거움이 사라진 것이 사실이다. TV 광고에서도 살이 덜 찐다는 장점만 강조하면, 제품이 소구하는 바는 알려질지 몰라도 제품의 로망스는 사라지기 쉽다. 처음엔 저칼로리로 시작한 저지방 우유가 지금은 하나의 엄연한 제품으로 자리 잡은 것처럼, 카스라

나는 다른 것을 본다

이트 역시 광고 컨셉을 ('미녀와 뚱뚱보'가 아닌) '미녀와 미남'으로 바꾸면 또 다른 카테고리에 진입할 수 있을 것이다.

카테고리, 즉 내가 나서야 할 싸움판이 동종 업계에만 국한되는 것은 아니다. 비즈니스에서 경계를 넘나드는 일은 이제 특이한 케이스가 아니라 일상이 되어버렸다. 나는 맥주와 LCD TV도 라이벌이 될 수 있다고 생각한다. 화질 좋고 성능 좋은, 똑똑한 TV가 자꾸 출시될수록, 사람들은 일찍 귀가해 TV 앞에 머무는 시간이 길어진다. 물론 적이 아닌 친구가 될 수도 있다. 맥주를 마시며 좋아하는 드라마나 영화를 보는 일도 그만큼 잦아질 수 있기 때문이다.

얼마 전에는 정수기 업계의 새로운 경쟁자가 택배회사라는 주장도 나왔다. 필터 교체 등 정수기 관리를 부담스러워하는 고객들이 대량의 생수를 인터넷으로 주문하기 때문이라는 분석이었다. 실제 정수기 보급률은 수년째 제자리걸음인 대신 국내 생수시장은 매년 10% 이상 성장하고 있다고 한다. 물론 이 말이 100% 옳다고 단정할 수는 없겠으나, 탄산수 냉장고와 정수기 냉장고가 출시되는 등 '먹는 물'을 놓고 여러 분야의 기업이 다투고 있는 것만은 분명하다.

비정한 사회가 아닐 수 없다. 친구와 적의 구분이 이토록 혼란스러운 것을 보면 말이다. 이제 동종 업계, 동일 범주 시장에서의 경쟁은 점차 의미가 퇴색되고 있다. 제품과 서비스가 우리와 어떤 관계를 맺느냐에 따라 시장은 유동적으로 변화한다. 같은 시장 내에서 누가 더 고객의 시간을 많이 차지하는지가 중요해진다. 이러한 사회를 두고 액체사회^{Liquid Society}라고도 한다. 업종 간의 경계가 허물어지는 현상을 일컫는 말이다.

  이러한 격변의 상황에서 친구와 적조차 구분하지 못한다면, 우리는 어느 날 갑자기 날아온 총알에 쓰러질 수밖에 없을 것이다. 어찌 보면 그 총은 자기 스스로가 발사한 것일 수도 있다. 안일하게 대응한 나 자신에게. 그런 비극을 맞지 않으려면 끊임없이 새로운 카테고리를 고심하고 만들어내야 한다. 이는 '촉' 만으로는 부족하다. 소비자들의 욕망에 아주 깊숙이 침투해야 가능한 일이다.

친구들을 가까이하고
적들은 더욱 가까이하라.

영화 〈대부2〉 중에서

언제나 '신상'만
팔 수는 없다

'마케팅의 대가'이자, 대학원 재
학 시 내게도 심오한 마케팅 철학을 우뚝 세워준 노스웨스턴 대학
의 필립 코틀러 교수는, 그의 저서 《어떻게 성장할 것인가》에서 저
성장 시대에는 새로운 전략과 마케팅이 필요하다고 역설한다. 기
업이 크게 성장하려면 한두 가지 전략만으로는 성장을 담보할 수
없으며 여러 가지 전략을 채택해야 한다는 것이다. 더불어 이제까
지의 전략이 여전히 최선인지 점검하고, 경쟁 기업들의 추격으로
인해 실효성이 떨어진 것은 아닌지 정기적으로 점검해야 한다고
조언한다. 제품도 마찬가지다. 지금 잘나가는 브랜드라 해도 언제

까지나 승승장구할 수 있을지, 오늘의 장점이 내일의 단점이 되지는 않을지 살피는 자세가 필요하다. 판매가 부진하다면 과연 지금의 전략이 최선인지를 면밀히 따져봐야 한다.

구관을 명관으로 만들어라 ―

분명 타깃도 철저히 분석하고 포지셔닝도 완벽하다고 생각했는데, 야심차게 내놓은 제품이나 서비스가 철저히 외면당할 때가 있다. 보기 좋게 허를 찔린 느낌이랄까.

"전문가들이 아무리 회의하고 리서치해서 뭔가를 만들어도 대중은 항상 '너희들 이건 몰랐지' 하며 하나를 더 알려준다."라는 모 영화 제작사 대표의 이야기를 듣고 무릎을 친 경험이 있다. 이처럼 소비자들은 우리보다 반 발짝 더 앞서 있다. 우리는 가끔, 혹은 종종 시장에서 실패한 제품이나 서비스를 받아들여야 하는 뼈아픈 운명을 맞는다. 이는 1980년대 매우 선진적인 제품인 매킨토시 컴퓨터를 만들고도 판매 부진으로 해고를 당한, 스티브 잡스도 피해가지 못한 상황이다.

자, 이제 고민이 생긴다. 그렇다면 실패한 제품과 서비스를 바로 종량제 쓰레기봉투에 담아 폐기처분해야 할 것인가. 개발에 투자한 시간과 노력을 아까워만 하다 끝날 것인가. 하지만 언제나 반전의 기회는 존재한다. 바로 '리포지셔닝 Repositioning'이 그 반전의 단초다. 리포지셔닝이란 소비자 욕구와 시장 트렌드의 변화, 그리고 기업 내 각종 상황변화 등을 분석해 기존 브랜드의 포지션을 새롭게 조정하는 전략을 말한다.

실패한 제품과 서비스라 해도 소비자를 매혹시킬 요소가 아예 없는 것은 아니다. 내놓자마자 외면당한 제품도 있지만, 시간이 흘러 시장 상황이 변하면서 기존의 장점을 잃어버리는 경우도 적지 않다. 이때의 리포지셔닝은 '낡은 브랜드에 생명을 불어넣는' 작업이다. 업종의 특성상 패션 업계에서 흔히 볼 수 있는데, 기존의 유통망이나 인지도는 그대로 가져가되 소위 '한물간' 브랜드의 얼굴을 바꿔 왕년의 인기를 되찾으려는 심산이다.

2013년 남성 어덜트 캐주얼 시장을 이끌어온 브랜드 '인디안'은 40년 넘게 쌓아온 이미지를 벗어던지고, '뉴NEW 인디안, 뉴 솔루션'이라는 슬로건을 새롭게 내세웠다. 남성들이 본격적으로 외모에 신경을 쓰기 시작하면서 젊은 감성에 어필해야 할 필요를 실감한 것이다. 먼저 대한민국 남성들이 가장 좋아한다는 정우성을 모델로 기용해 스타일리시한 직장인의 모습을 표방했다. 인디안 매장은 '웰메이드'라는 편집숍으로 탈바꿈했고, 자연히 기존 40~50대 타깃의 어덜트 캐주얼은 대폭 감소했다. 리포지셔닝은 쇠퇴한 브랜드를 일으키려는 노력이기도 하지만, 시장의 흐름을 읽고 한 발 앞서가려는 전략이기도 하다. 한때 인기를 누렸던 골프웨어가 아웃도어에 밀려 찬밥 신세가 될 줄 누가 알았겠는가. 그래서인지 일명 '장수 브랜드'들은, 1등에 만족하지 않고 시장의 변화에 면밀히 대처해왔다는 공통점을 갖는다. 변화의 끈을 놓지 않고 리포지셔닝으로 모습을 달리한 덕분에 오래오래 넘버원으로 남은 게 아닐까.

이 밖에 리포지셔닝을 통해 위기를 극복하고, 오히려 타깃을 확대한 사례도 많다. '존슨앤존슨 베이비 화장품'은 애초 유아들만을 대상으로 포지셔닝했지만, 제품의 품질과 효능에 자신을 얻어 성인 여성층과 청소년으로까지 타깃을 확대했다. 영유아 제품의 특성상 인체에 무해한 천연재료로 만들었거나 화학물질을 최소화했을 거라는 생각에, 성인층에서도 인기를 끈 것이다. '암앤해머 베이킹소다'는 포화된 제빵 시장에서 주목을 받지 못하자, 냉장고 탈취제, 방취제, 치약 등의 다양한 용도로 시장을 확대해, 결국 무공해 생활용품 브랜드로 자리를 잡았다. 유아를 위한 멍 제거 크림을 개발한 어느 제약회사는 아이들이 아닌 젊은 여성들을 대상으로 새롭게 포지셔닝해 또 다른 기회를 만들었다.

모든 건 변하게 되어 있다 ―

흔히 '서른 살 넘으면 사람은 안 변한다'고들 말한다. 하지만 사람도 변한다. 리포지셔닝은 제품뿐 아니라 사람에게서도 볼 수 있다. 유명인 중에서 이미지 변신에 가장 성공한 사람을 꼽자면, 방송인 A씨가 아닐까 싶다. 명문대 출신의 젊은 국회의원으로 전도유망해 보였던 그는, 대학생들과의 술자리에서 한 아나운서 비하 발언으로 이 시대 최고의 비호감 아이콘으로까지 각인되었다. 그것도 모자라 모 개그맨을 고소하고 박원순 서울시장의 저격수로 나서는 등, 튀는 행각을 벌여 눈살을 찌푸리게 만들었다.

그렇게 공인으로서 부적절한 언행을 보이며 당적까지 잃고 계속 물의를 일으키던 그는, 2013년 엄청난 이미지 변신에 성공한다. 지상파보다는 좀 더 선정적인 방송을 지향하는 종편 채널의 등장과 맞물려, 모 방송 프로그램을 통해 예능의 새로운 아이콘으로 등극한 것이다. 심지어 방송에서 보여준 인간미에 매료되어 팬층까지 생기는 기현상이 발생했다. 그의 특징인 화려한 입담과 돌직구성 발언은 정치인보다 예능인으로서 더 빛을 발한다고도 볼 수 있다. A씨에 관한 사회적 평가와는 별개로, 비호감 정치인에서 인기 예능인으로 변신한 그는 가히 성공적인 리포지셔닝 사례라 할 수 있다.

나는 다른 것을 본다

종종 영화감독들의 캐스팅 과정에서도 이런 모습이 발견된다. 〈킬빌〉, 〈저수지의 개들〉 등으로 세계적 거장이 된 쿠엔틴 타란티노 감독은 매번 노장 배우를 캐스팅해 관객들에게 새로운 볼거리를 선사한다. 대표적인 사례가 칸 영화제에서 황금종려상을 수상한 〈펄프픽션〉에 존 트라볼타라는 배우를 캐스팅한 것이다. 감독은 1980년대 반짝 스타였지만 한동안 정체기에서 헤어나오지 못하던 그를 매력적인 마초로 캐스팅해 관객에게 역발상의 흥분을 선사했다.

사람이라면 누구나 어쩔 수 없이 일종의 선입견을 갖는다. 리포지셔닝은 소비자들의 선입견을 깨고 반전의 열광을 이끌어낼 마지막 카드다. 대중은 틀을 벗어난 것에 환호하게 되어 있다. 타란티노 감독의 영향을 받은 봉준호 감독도 10년 넘게 영화에 출연하지 않던 변희봉이란 배우를 영화 〈괴물〉에 캐스팅하여, 그를 '국민 아버지'로 리포지셔닝했다. 댄스 가수로 출발한 백지영도 발라드 가수로 리포지셔닝한 후부터 자신의 상품성을 극대화시켰다. 경쟁이 치열한, 그래서 매일같이 승자가 바뀌는 연예계에서의 리포지셔닝은 어쩌면 필수일 것이다.

완전히 새로울 필요는 없다 —

지금의 '카스라이트'는 원래 2006년 '배부름이 적은 저탄수화물 맥주'인 카스아이스라이트로 시장에 소개됐다. 실은 그 유명한 밀러 맥주의 전략을 벤치마킹한 것이다. 미국 시장에서는 일찍이 밀러가 경쟁사 버드와이저에 대항하기 위해 밀러라이트Miller Lite라는 라이트 맥주를 시장에 내놓은 선례가 있다. 'Great Taste, Less Filling'이라는 슬로건으로 예전보다 맛은 향상되고 포만감은 적다는 장점을 내세워 미국 소비자들을 사로잡은, 대표적인 리포지셔닝 케이스다.

  그런데 정작 한국 소비자들은 라이트 맥주인 카스아이스라이트에 큰 호응을 보이지 않았다. 맥주는 배불러서 못 먹겠다고 불평하던 이들조차 철저하게 외면했다. 가만 살펴보니 그 역시 심리적인 이유였다. 맛은 있지만 식후 포만감이나 건강상의 이유 때문에 꺼리는 음식들이 있다. 기름진 중국 음식이나 피자 등이 그것이다. 대신 한번 먹겠다고 작정하면 허리띠를 풀어놓고 먹는다. 먹으면서 살찔 걱정을 하기보다 간만에 얻는 포만감에서 정신적 만족을 얻겠다는 심리다. 따라서 배부름이 적은 중국 음식이나 기름기가 적은 피자는 오히려 외면당하기 쉽다. 실제 맛있는데 맛없어 보이는 부작용까지 발생한다. 애초부터 원하던 것이 아니기 때문에.

맥주도 마찬가지다. 사람들 머릿속에 맥주는 원래 배부르게 마시는 술이다. 맥주를 마신 후 느끼는 배부름은 맥주가 제공하는 순기능에 비하면 지극히 작은 불편함일 수 있다. 그 부분만 딱 꼬집어서 대단한 선심이라도 쓰듯 당당하게 어필해봤자, 맥주를 즐기는 이들의 성에 찰 리 없다. 따라서 굳이 '카스아이스라이트'를 반기지 않은 것이다. 그래서 2010년에 브랜드 명을 '카스라이트'로 변경하고, '저탄수화물' 맥주가 아닌 '저칼로리' 맥주로 리포지셔닝했다. 더불어 '맛은 올리고 칼로리는 내리고'와 '맛있게 즐기고도 라이트' 등의 슬로건으로 기존 맥주보다 칼로리를 33%나 내린 점을 부각시켰다. 핵심은 맛이 일반 맥주와 비슷하니, 같은 맛이면 이왕 저칼로리 맥주를 즐기자는 것이었다. 나 역시 처음 저지방 우유를 봤을 때 굳이 우유까지 칼로리를 따져야 하나 싶었지만, 한번 마셔보고 일반 우유와 맛의 차이를 크게 느끼지 않은 후부터는 늘 저지방 우유를 마시고 있다. 2010년 의미 있는 리포지셔닝의 결과, '카스라이트'는 3년 연속 두 자리 수 이상의 성장률을 기록하며 과거의 아픈 기억을 말끔히 지워냈다.

전 세계적으로 우리나라 국민처럼 유행에 민감한 민족을 찾아보기는 어려울 것이다. 물론 프랑스나 이탈리아 등 유럽 일부 국가의 국민들도 유행에 민감해 세계적 트렌드를 선도하고 있다고는 하나, 그들은 새로움을 추구하는 만큼 고유의 전통도 중시한다. 허나 우리 대한민국은 전통보다는 새로운 문화나 상품에 더 목말라 있음을 부인할 수 없다. 더구나 요즘처럼 다양한 상품들이 시시각각 나오는 상황에서는 시류에 뒤처지지 않기 위해서라도 유행을 따라야 한다는 이들이 적지 않다. 그렇지 않으면 한국 사회에서 사회적 이미지를 유지하기가 어렵다는 것이다. 그런 의미에서 신상품은 언제나 매력적이다. 겉으로 별 차이가 없어 보여도 신상이라는 한마디에 주저 없이 지갑을 여는 수많은 이들을 보라. 그만큼 신상은 매력적이요, 첨단의 유행을 쫓는 한국인에게 끝없는 동경의 대상이다. 그러나 신상이 반드시 좋은 것은 아니다. 아니, 어쩌면 구제품을 리폼^{Reform}하는 것이 더 효과적일 때도 있다.

포지셔닝은 고정적인 개념이 아니다. 언제나 우리는 유연하게 사고해야 한다. 리포지셔닝조차 한 번 성공했다고 안심하기 이르다. 브랜드가 소비자에게 노출되는 동안은, 그 생명이 다할 때까지 변화하는 기호와 트렌드를 끊임없이 관찰해야 한다. '보이는 것'에만 머물러서는 안 된다. 현상의 이면에 담긴 '보이지 않는 부분'마저 읽어내야 또 다른 역할이 생긴다. 어쩌면 새로운 역할을 부여하는 게 아니라, 잊고 있던 역할을 찾아주는 것이야말로 우리의 가장 큰 임무일 것이다.

나는 다른 것을 본다

나는 형상을 만들지 않는다.
돌 속에 갇혀 있는 형상을 해방시킬
뿐이다.

미켈란젤로

소비자가 아닌
사람이 되어라

일상은 평온한 듯 흘러가지만 매우 복잡하며 앞뒤가 맞지 않을 때가 많다. '인생이란 순리대로 흘러가기도 논리적으로 설명하기도 힘들다'는 작가 서머싯 몸의 말처럼, 우리의 일상적인 생각과 행동들은 그리 논리적이지 않다. 비즈니스의 세계 역시 논리적이라기보다 모순투성이에 가깝다. 소비자들 역시 예외는 아니다. 나는 아직도 2010년 아이패드가 처음 출시되던 날을 생생하게 기억한다. 1분 1초라도 더 빨리 아이패드를 손에 넣기 위해 밤을 새워 기다리던 모습을 어떻게 논리적으로 설명할 수 있을까. 구매에 성공한 그들이 언론을 향해 마치 복권에

나는 다른 것을 본다

라도 당첨된 것처럼 아이패드를 높이 치켜들던 모습 또한, 애플 마니아가 아닌 다음에야 이해하기 어려울 것이다.

하지만 아이러니하게도 인생의 묘미는 모든 것을 논리적으로 설명할 수 없다는 데 있다. 파는 입장에서도 남들이 정해준 논리가 아닌 자기만의 논리로 고객을 설득할 때 짜릿한 쾌감을 느낀다.

그러나 알고 있던 지식을 벗어나 움직이기란 생각만큼 쉽지 않다. 매번 SWOT분석을 내세우고 STP^{Segmentation, Targeting, Positioning}전략 안에서 사고해야 한다고 배워왔다면 더욱더 그렇다. 소비자들의 생생한 일상을 보면서도, 즉 눈앞에 정답지가 펼쳐져 있는데도 답을 찾지 못하니, 자기가 놓은 덫에 자기가 걸린 셈이다. 사람들의 생각을 읽으려면 기존의 지식이나 선입견도 내려놓을 수 있어야 한다. 현실을 철저하게 응시하자. 관찰하고 관찰하다 보면 어느덧 '답'이 보이기 시작할 것이다. 단 소비자 입장이 아니라 아예 그 사람이 되어서 바라봐야 한다.

생각 밖에서 움직여라

법으로 정하거나 약속하지 않아도 모두가 공감하고 행동하는 문화가 있다. 연간 음주 소비량만 놓고 따지면 올림픽 랭킹에 필적하고,

예로부터 음주가무에 능한 민족으로 정평 난 대한민국에는 모두가 공감하는 독창적인 음주문화가 존재한다. 가령 취직이나 승진을 축하하는 자리에는 소주가 덜 어울리고, 실연이나 실직의 아픔을 달래는 자리에서는 맥주보다 소주를 선호한다. 맥주를 파는 사람들은 무엇보다 주종(酒種)에 대한 대중의 정서, 음주 상황에 대한 이해, 그와 관련된 음주문화 등을 분석하고 공감할 수 있어야 한다.

보통 "우리 맥주 한잔 할까?"라는 이들은 많아도, "우리 카스 한잔 할까?"라고 말하는 이들은 드문 것처럼, 어떤 브랜드의 소주 혹은 어떤 브랜드의 맥주를 마시느냐는 상대적으로 덜 중요하다. 흔히 누구와 어디서 어떻게 시간을 보낼지를 결정한 후에 술의 종류가 정해지고, 브랜드는 그때마다 탄력적으로 결정된다. 기업은 이처럼 복잡한 소비자의 심리를 만족시키기 위해 '시장 세분화Market Segmentation' 전략을 구사해왔다. 시장 세분화란 말 그대로 시장을 구성하는 소비자를 특성에 따라 나누어 차별적으로 공략하는 것이다.

사실 2차세계대전 후부터 1980년대 말까지는 굳이 이렇다 할 시장 세분화가 필요치 않았다. 고객들의 욕구가 거의 엇비슷했으며, 그저 생산자가 물건을 만들기 무섭게 팔려나갔다. 굳이 시장을 세분화하자면 생산자의 편의를 위해서였다. 그러나 기업의 능력이 평준화되고 인터넷이 보급되면서 상황은 달라졌다. 사람들을 동일한

나는 다른 것을 본다

소비자로 취급하던 전략은 더 이상 먹히지 않았다. 대신 다양한 소비자의 기호를 파악한 후에 그 특징에 따라 사람들을 나누기 시작했다. 소비자들을 인구통계학적 변수, 행동(라이프스타일) 변수, 제품관련 성향 변수, 고객욕구 변수 등의 기준으로 구분해, 제공하는 제품이나 메시지, 소통 방법 등을 달리한 것이다.

규범, 규칙, 남의 시선에 얽매이지 않으며 문화를 즐기는 자유로운 영혼의 소유자. 근면성보다는 창의성이 뛰어나기를 원하며, 반항적이고 주관이 뚜렷한 젊음의 절정을 즐기는 사람들. 자신이 원하는 것에 몰입하며 자신이 꿈꾸는 삶을 쫓는, 가장 다이내믹하고 열정적인 젊은 문화를 대표하는 19~29세의 젊은 남녀.

눈치 빠른 분들은 벌써 간파했겠지만, 이는 오비맥주의 주력 브랜드인 카스의 지향 타깃을 묘사한 것이다. 대부분의 기업 역시 이와 유사한 소비자 구분을 확정지어 이들을 공략하기 위한 마케팅 전략을 세운다. 그러나 이러한 사이코그래픽 Psychographic (소비자의 라이프스타일, 흥미, 태도, 가치, 개성에 관한 연구)은 광고를 집행하거나 브랜드 이미지를 연상하는 데는 도움이 되지만, 브랜드가 어떤 이유로 어떻게 소비되는지를 이해하는 데는 다소 한계가 있다.

가령 맥주를 예로 들어보자. 똑같은 삼겹살집에서 팔리는 맥주라 해도 그 상황은 각기 다르다. 20대 후반의 젊은 친구들이 모여 즐기기 위해 마시는 맥주, 30대 직장인들이 회식에서 마시는 맥주, 50대 아저씨가 저녁에 곁들여 마시는 맥주 등으로 니즈와 대상이 달라진다. 앞에서 말한 바와 같이, 맥주에 관한 대중의 정서나 맥주를 마시는 상황에 대한 이해와 심도 높은 분석이 필요한 이유다. 그래서 나는 기존에 알고 있던 소비자들의 특성에 집중하는 대신, 맥주를 마시는 사람들의 일상에 접근하기 시작했다.

누가 아니라
'언제' 마시는 것이 맥주다 ──

그 결과 정리한 것이 '음용상황별 시장구분Occasion Segmentation'이었다. 나는 우선 대한민국에서 맥주를 마시게 되는 상황을 모두 나열한 후, 그중에서 다수가 공감하는 상황을 대그룹으로 분류해보았다. 그러자 총 9가지의 맥주 음용상황을 파악할 수 있었다. 회식, 가족·친구 모임, 가벼운 휴식·재충전, 데이트, 음식과의 조화, 음주가무, 클럽, 여행, 야외활동 등이 바로 그것이다. 대한민국 국민 대부분이 이 9가지 상황에서 맥주를 마신다는 사실을 발견했고, 상황

음용상황	음용 비중				
	2013년	2012년 대비	2011년 대비	2012	2011
기분전환/휴식	44.9%	▲	▲	43.9%	39.2%
(개인적) 모임	17.1%	▲	▼	16.8%	20.7%
단체회식/모임	11.1%	▼	▼	12.7%	13.2%
안주 궁합	9.9%	▲	▼	9.4%	10.5%
데이트	6.6%	–	–	6.6%	6.6%
가무	5.3%	▲	▼	5.2%	5.2%
야외스포츠관람	2.0%	▼	▲	2.4%	1.9%
여행	1.6%	▼	▼	1.9%	1.7%
클럽	1.1%	▲	▲	1.0%	1.1%

표1 소비자 맥주 음용상황 세그멘테이션(마케팅 인사이트, 2013년 10월)

에 따른 성별, 연령별 비중은 각기 다르며, 선호하는 브랜드 및 1회 음용량도 다름을 알 수 있었다.

'행동적 타깃팅^{Behavioral Targeting}'과 '상황별 심리상태^{Occasion Insight}'를 파악하자, 오비맥주의 다양한 브랜드를 음용상황별로 구분해 소비자에게 제대로 접근하는 최적의 시장 세분화를 그릴 수 있었다. 전통적인 소비자 구분에서 벗어나, 실제 소비 상황을 이해하고 맥주를 마시는 심리를 파고들어 얻어낸 결과다(표1 참조).

맥주는 다른 제품에 비해 '넓은 소비자군'을 형성한다. 상품과 브랜드는 단조로울지 모르지만, 맥주를 마시는 사람들의 연령층은

20대부터 80대까지 다양하다. 성별은 상품 구매에 강력한 차별적 요인으로 작용하지 않는다. 맥주를 마시는 상황과 소비층이 다양하고 변화무쌍하니, 현장과 매우 유기적으로 호흡하며 소통하는 마케팅이 필수적이다. 또한 맥주는 대한민국에서 판매되는 모든 소비재 중에서 전국적으로 가장 판매처가 많은 제품이다. 흔히 맥주보다 더 많은 장소에서 판매되는 상품으로 생수, 콜라, 커피, 담배, 라면 등을 꼽을 수 있겠으나, 막상 현실에서는 그러한 상식이 깨지고 만다. 이처럼 맥주는 일부 도서 산간벽지를 제외하고는 대한민국 사람들이 모여 사는 거의 모든 동네에서 지척에 맥주를 팔지 않는 곳이 없다고 할 만큼, 우리의 일상과 매우 밀접한 제품이다. 물론 각 점포의 판매 특성과 매장 위치, 주 고객층의 소득 수준과 구매 행태에 따라 패키지별 판매 비중에는 차이가 존재한다. 동일한 이마트 매장이라 해도 서울의 성수점과 용산점에서 팔리는 제품 구성비는 차이가 있으며, 판매되는 브랜드 구성비도 판이하게 다르다. 가령 대학가에 위치한 소매점의 맥주판매는 사무 지역이나 거주 지역의 소매점과는 매우 큰 차이를 보인다. 이런 현상은 규모가 더 작은 편의점이나 골목상권에 위치한 구멍가게로 갈수록 그 차이의 폭이 더욱 커진다.

제품으로서 맥주가 갖는 또 다른 특징은, 동일 고객이 하루에도 수차례씩 각기 다른 상황과 다른 장소에서 동일한 맥주 브랜드를 반복 구매하기도 한다는 점이다. 예를 들면 고깃집에서 500ml 병맥주와 소주를 섞은 소맥을 마시고, 2차로는 인근 바에서 동일한 브랜드의 330ml 소형 병맥주를 즐기고, 3차로 간 치킨집에서 생맥주와 함께 치맥을 즐기는 식이다. 대한민국 애주가들 사이에서는 낯선 풍경이 아니리라. 이 정도 마시고도 술이 부족한(?) 일부 애주가들은 집 앞 편의점에서 캔맥주를 하나 더 사서 들어가기도 한다.

이처럼 판매처도 다양하고 한 사람이 반복해서 구매하는 경우도 많으니, 자칫 맥주를 파는 일이 매우 쉬워 보일 수도 있겠다. 그러나 '동일한' 브랜드의 맥주를 서로 '다른' 장소와 상황에서 팔아야 하기에, 결코 쉽지 않은 경쟁임을 밝혀두고 싶다.

패턴은 분명히 존재한다

이상 조금은 장황할 수도 있는 설명이었다. 하지만 이 내용을 모두 담은 이유는 고전적인 시장 세분화에서 벗어났던 상황을 생생하게 전하기 위해서다. 당시 나는 맥주회사의 마케터라기보다 '미스터리 쇼퍼'였다. 일상에서 맥주를 마시는 사람으로 돌아가, 시장의 흐름을 바라보았다. 그렇지 않으면 답이 나오지 않는 난해한 시장이었기 때문이다. 물론 맥주뿐 아니라 다른 어떤 장르나 브랜드도 마찬가지다. 고민 없이 쉽게 시장에 내놓을 수 있는 제품은 세상 어디에도 없음을, 독자 여러분이 더 잘 알고 있으리라 믿는다.

우리는 원하든 원치 않든 모든 소비자의 욕구를 관찰하고 분석하는 임무를 맡고 있다. 인간의 욕망에 한계나 원칙은 없지만, 분명 어느 정도의 패턴은 존재한다. 만일 우리가 그들의 욕망과 생각을 정확하게 읽지 못하고 있다면, 그 패턴을 찾지 못한 것이다. SWOT 분석이나 시장 세분화가 잘못되었다는 것이 아니다. 그것만으로 고객을 이해하려는 접근에 반대한다는 얘기다. 현실 속 대중은 우리의 예측과 전혀 다르게 움직일 수도 있음을 기억하자. 타깃은 물건을 파는 과정에서 끊임없이 변할 수 있다. 시장 세분화는 고정된 개념이 아니라 타깃을 제대로 읽기 위한 방법으로 재검토되어야 한다. 그러기 위해서는 먼저 그 사람이 되어보자. 그래야만 논리가 통하지 않는 비즈니스의 세계에서 나만의 논리를 찾을 수 있다.

나는 다른 것을 본다

발견이란 모든 사람들이
보는 것을 보고,
아무도 생각하지 않는 것을
생각하는 것이다.

헝가리의 생화학자, 알베르트 센트 죄르지

우리는 모두 누군가의
럭셔리다

　　　　　2011년 3월, OB골든라거 출시
에 맞춰 기자 간담회를 진행할 때의 일이다. 기자들을 초청한다는
게 살짝은 고민스러웠다. 우리에게는 엄청나게 중요한 일이지만
기자들에게는 별다른 뉴스거리가 아닐 수도 있으니. 게다가 세간
의 관심을 끄는 혁신적인 제품의 출시도 아니지 않은가, 그들 입장
에서는 수많은 소비재 중 하나였을 것이다. 그러다 보니 기자들에
게 괜히 미안한 감정이 일었다. 일분일초를 다투며 사는 그들에게
근사한 점심을 대접한다는 명분으로 함부로 시간을 뺏는 게 도리
인지도 의심스러웠다. 이왕 어렵게 모인 기자들로부터 시간을 버

렸다는 평만은 절대 듣고 싶지 않은 게 나의 마음이었다. 그래서 한참을 고민했다. 경품을 증정해볼까, 아이돌 스타를 초대할까 등등 별로 섹시하지 못한 아이디어들이 머리에서 헛돌았다. 그런 고민의 끝에서 문득 작은 아이디어 하나가 떠올랐다.

그날 간담회가 끝날 무렵, 나는 참석한 모든 기자들에게 가장 친한 지인 10명의 연락처를 적어달라고 부탁했다. 가족에서부터 애인, 친구, 스승까지 다양한 이들의 연락처가 우리에게 주어졌다. 우리는 즉시 그 모든 지인들에게 각각의 기자들 이름으로 'OB골든라거'를 배송했다. 아마도 그날 간담회에 참석한 기자들은 적어도 10통 이상의 전화 혹은 문자를 받았을 것이다. 그리고 지인의 입을 통해 전달된 제품평가는 다음날 기사에도 긍정적으로 반영되었다. 종종 그날 참석한 기자를 만나면 지금도 그때 참 고마웠다고 얘기해줘 나를 흥분케 한다. 돈으로 따지자면 맥주 한 박스가 그렇게 비싼 것은 아니다. 하지만 자신의 지인들까지 챙겨준다는 고마움, 세심한 배려를 마다할 이는 없다. 모르긴 몰라도 그 순간만큼은 자신이 조금은 특별한 사람처럼 느껴졌을 것이다. 상대가 진짜 원하는 것을 찾는 노력은 모든 인사이트의 근원이 된다.

계속되는 불황에도 명품, 일명 럭셔리의 인기는 여전하다. 짝퉁이 끝없이 팔리고 자신의 소득수준을 넘어서서 명품에 집착하는 이들이 생겨날 만큼. 젊은이들 중에는 루이비통 진품을 사지 못하니 루이비통 쇼핑백을 거래하는 이들도 있다고 한다. 나는 이쯤에서 '럭셔리'에 대한 정의를 다시 생각해보고 싶다. 명품의 가장 큰 가치는 단연코 '희소성'이다. '이걸 갖는 순간 남들과 달라 보인다'는 느낌이 명품을 사는 이들의 심리다. 그런데 이러한 관점에서 생각해보면 가격이 높지 않아도, 품질이 뛰어나지 않아도, 얼마든지 럭셔리가 될 수 있다. 페라가모의 CEO 미켈레 노르사는 고객에게 시간과 정성을 들여 '특별한 한순간'을 제공하는 것이 진정한 럭셔리라고 말했다. 앞의 사례에서 언급한 맥주는 어쩌면 가장 럭셔리한 선물인지도 모른다. 아마 자신의 지인들에게까지 알아서 선물을 돌린 회사는 그리 많지 않을 것이다. 자신이 특별한 사람으로 대접받았다는 느낌은 두고두고 남는 법이다.

　이는 진정한 섹시함은 겉으로 보이는 게 전부가 아니라는 것과 일맥상통한다. 상대의 마음을 읽고 상대가 원하는 부분을 적절하게 채워주는 것이야말로, 진정한 섹시다. 2012년 대히트를 기록한 영화〈건축학 개론〉의 메인 카피를 기억하는가? '우리는 모두 누군가의 첫사랑이었다.' 이 한 줄의 카피를 본 사람들은 대부분 "카피, 참 섹시하게 잘 뽑았다!"라며 고개를 끄덕였다(당연히 흥행으로 이어졌다). 말 그대로 우리는 누군가의 첫사랑이었다. 지금은 머리숱이 적은 50대 아저씨도, ○○ 엄마로 불리는 40대 아줌마도 과거에는 누군가의 첫사랑이었다. 모든 이들의 공통된 추억을 건드리는, 과거 잘나갔던 나를 떠올리게 하는 특별한 유혹이 적중한 건 당연하다. 더구나 첫사랑은 세상을 통틀어 '단 한 명'밖에 없다.

누군가를 사로잡으려면 상대를 '온리 유'로 만들 수 있어야 한다. 나를 위해 차려입은 그녀를 보며 반하는 이유는, 단지 예뻐서가 아니라 시간을 내서 옷을 고르고 정성 들여 화장한 그녀의 노력 때문이다. 그녀가 투자한 시간이 나를 '온리 원'으로 만들어준다. 여자들이 하나같이 한 손으로 후진주차를 하는 남자의 옆모습이 섹시하다고 말하는 것은, 나를 위해서 무엇이든 해줄 것 같은 남자의 속내가 느껴지기 때문이다.

남녀관계뿐 아니라 비즈니스에서도 희소성은 빛을 발한다. 내가 아는 광고대행사는 명절 때마다 항상 특별한(?) 선물을 보내온다. 장인이 만든 국수, 명품 된장, 천일염 등이 그것이다. 남들 다 하는 과일 바구니, 고기 세트나 통조림 세트는 누구에게 받았는지 사실 기억도 잘 나지 않는다. 어떨 때는 부피만 커서 집에 가져가기 귀찮을 때도 있다. 기술적으로 말하자면, 선물은 비교 대상이 없어야 제대로 먹힌다. 하지만 남들이 하지 않는 품목, 남들과 비교할 수 없는 제품이라고 무조건 비싼 것만 찾을 순 없지 않은가. 그 광고 대행사에서 보내오는 선물을 가만히 관찰해보니 백화점 식품코너에서 굳이 자기 돈 주고 사기는 살짝 아까운 것들이었다. 사소한 것 같아도 이왕에 하는 선물이라면 눈길이 한 번 더 가는 물건을 고르는 감각. 나는 이에 감명을 받아 지난 설, 몇몇 지인들에게 해외 유명 지역의 소금만을 담은 '세계 소금 세트'를 선물해보았다. 효과는 당연히 기대 이상이었다.

너무 많이 보여주지 마라 　 —

유혹의 핵심은 희소성이다. 바꾸어 말하자면, 다른 사람은 줄 수 없는 특별한 매력이다. '희소성'을 가장 잘 활용한 것이 바로 한정판 마케팅일 것이다. 한정판, 리미티드 에디션, 소장판 등등, 단어만 바꾼 한정판들이 매장을 점령하고 있다. 특별히 비싼 물건도 아니다. 문구 업체 모나미에서는 창립 50주년을 기념해 몸체를 플라스틱 대신 황동으로 입힌 볼펜 만 개를 만들었는데, 바로 '모나미 153 리미티드

1.0 블랙'이다. 제품은 나온 지 하루 만에 매진됐고, 인터넷 포털사이트에는 '한정판 재생산'을 요청하는 서명운동까지 벌어졌다.

압구정동에 가면 변강쇠 떡볶이라는 가게가 있다. 갈 때마다 손님이 많아서 제대로 자리를 잡기가 힘들 만큼 인기가 많은 곳이다. 당일에 뽑은 가래떡으로 떡볶이를 만든다는 것 외에 독특한 주문방식이 눈길을 끈다. 몇 인분이 아니라 가래떡 개수로 주문하면 떡볶이를 그에 맞게 잘라준다. 가래떡 2개, 3개라는 식으로. 언뜻 보면 복잡하지만 생각해보면 상당히 효율적인 시스템이다. 손님은 먹을 만큼 시켜서 좋고, 가게 주인은 남기지 않아서 좋고. 여기 오는 손님들은 하나같이 입을 모은다. "대신 더 다양한 메뉴를 먹을 수 있잖아요. 부담도 안 되고." 다른 곳에서 볼 수 없는 사소한 주문방식이 가게의 차별성을 만든 것이다. 내가 가끔 가는 중국집에서는 메뉴를 소량으로 비교적 저렴하게 판매한다. 탕수육 가격이 고작 7~8,000원에 불과하다. 짜장면을 먹으면서도 짬뽕을 보면 군침이 도는 게 사람 마음이다. 분식집에 가서도 이것, 저것 먹고 싶은데, 혼자서는 하나만 시켜도 배가 불러서 아쉽다. 그런 우리를 유혹한 것이 바로 소량 주문이다. 하지만 이곳에서 탕수육만 시키는 이들은 많지 않다. 낮은 가격으로 적은 양을 파니 오히려 더 많은 메뉴를 시키게 되고, 덕분에 테이블 단가는 올라간다.

고객과 소통할 때도 마찬가지다. 너무 많이 보여주면 오히려 독이 된다. 카사노바는 결코 말이 많지 않다. 꼭 해야 할 말만 한다. 말이 많아지면 자신을 지나치게 보여주게 되고, 그 순간 신비감이 사라지기 때문이다. 대학에서 터득한 후 지금까지 20년이 넘도록 고객을 설득할 때 반드시 점검하는 세 가지 원칙이 있다. 모든 메시지는 정제된 소수 핵심만으로 크고 굵게 표현해야^{Fewer, Bigger, Bolder!} 한다는 것. 명품 자동차 광고를 떠올려보라. 이러저러한 기능성을 나열하는 대신, 모델이 자동차를 타고 멋지게 해안가 도로를 달리는 모습만 보여준다. 얼마나 뒷자리 쿠션이 안락한지, 핸들이 부드러운지 등은 굳이 언급할 필요가 없다. 말하는 순간 섹시함은 사라진다. 아무리 재밌는 사람이라도 스스로 내가 얼마나 재밌는지 말하는 순간, 따분해지는 것과 마찬가지다.

'새로운 자극'이
정답은 아니다 ——

비싼 것이 꼭 최고가 아니고, 많은 것이 꼭 좋은 건 아니듯, 항상 새로운 게 정답은 아니다. 2011년 맥주전쟁은 하이트의 '드라이피니시d'와 오비맥주의 'OB골든라거'로 좁혀졌다. 처음부터 'OB골든라거'가 주자로 나선 건 아니었다. 경쟁사는 2010년 말, 인지도 제로인 상태에서 신제품 '드라이피니시d'를 출시했다. 반면 우리는 브랜드 가치가 낮아질 대로 낮아진 노장이었다. OB블루를 OB골든라거로 리뉴얼하겠다고 하자 내부에서는 반발이 대단했다. 하지만 나는 반대로 생각했다. 그동안 OB의 가치와 제품의 질을 제대로 어필하지 못해 잊혀진 것이지, 소비자들이 브랜드 자체를 싫어한다고는 보지 않았다. 오히려 90%가 넘는 브랜드 인지도가 재기의 기회라 보았다. 새로운 제품으로 다시 시작하느니 이미지를 개선해 선호도를 높이는 편이 훨씬 낫다고 믿었다. 새 친구를 사귀는 것보다 옛 친구와 정을 회복하는 게 더 빠른 것처럼.

그래서 나는 이 오래된 친구가 얼마나 좋은 친구였는지부터 알리기 시작했다. OB맥주의 향수를 기억하던 소비자들은 이제 30대가 넘는 나이가 되어 있었다. 해외여행도 많이 다닌 덕에 맥주의 깊은 맛을 따질 정도였다. 우선 맥주의 생명인 '맛'부터 바꿔나갔다. 정통 독일식 맥주로 리포지셔닝하면서 가볍고 시원한 맛 대신 '진하고 풍부한 맛'을 핵심으로 삼았다. 11명의 브루마스터가 4년간 연구 개발에 매달렸고, 그 기간 동안 만든 시제품만 64가지에 달했다. 국내 최초로 100% 골든몰트(황금맥아)와 독일 아로마 호프를 사용했다. 맛의 깊이와 균질성을 얻기 위해 한꺼번에 많은 맥아를 고르게 로스팅하는 타워 몰팅 공법도 도입했다. 자, 제품은 준비됐다. 그럼 어떻게 알려야 할까.

OB맥주는 오랜 전통을 갖고 있다. 예전부터 생산공장이 위치한 광주와 호남 지역 주민들은 '골드', '금메달', '금딱지' 등의 다양한 수식어로 OB맥주를 부르고 있었다. 이 전통을 기억하는 고객들에게, 당신들의 오랜 친구가 "성공해서 금의환향했어요!"라고 전하길 바랐다. 화려한 수단보다 소비자들이 직접 맛을 확인해보는 방법을 택했다. 직접 마셔보고 판단하라는 의미에서 '3초간 음미吟味해주십시오'라는 카피를 내세웠다. 지성이면 감천이라 했던가. 소비자들은 그동안 마음에서 떠났던 OB 브랜드에 다시 한 번 눈을 돌리기 시작했다. 다행히도 맛에서 높은 점수를 받았다. 예상치 않게 7080 통기타와 세시봉의 향수문화가 확산된 것도 도움이 되었다. 7080 통기타와 세시봉이 '가요다움'과 '노래다움'으로 추억과 향수를 되살렸듯이, OB골든라거는 'OB다움(정통성)'과 '맥주다움(맛)'으로 과거의 화려했던 영광을 되찾았다.

간혹 요즘 걸그룹을 보면 지나치게 자극적인 퍼포먼스에 치중한다는 생각이 든다. 그럴 경우 노출의 수위를 떠나서 정작 음악이 전달되기 어렵다. 기업에 비유하자면 광고는 눈에 띄는데 제품은 눈에 들어오지 않는 느낌이랄까. 자극적인 것과 섹시한 것은 다르

나는 다른 것을 본다

—

—

냉장고를 열었는데 생각지도 못한 맥주가 있다? 냉장고에 가득 찬 맥주를 보는 순간, 자기도 모르게 만족을 느끼는 게 사람이다. 유혹은 아주 '작은 감성'에서 시작된다.

다. 자극적인 광고로 소비자의 호기심과 흥미만 유발하려다가는 오히려 브랜드 이미지만 떨어뜨리기 쉽다. 좀 더 새로운 자극만 찾다가 결국 무리수를 두는 격이다.

예전에 전국 300여 곳 하이마트 매장의 냉장고에 카스 제품을 진열한 적이 있다. 별다른 의도가 있었던 건 아니고, 제품을 좀 더 많이 노출시키려는 의도였다. 그런데 생각지도 않았던 의외의 모습을 보게 됐다. 매장을 방문해 진지한 얼굴로 냉장고 구석구석을 뜯어보던 고객들이 가득 채워진 맥주를 본 순간 함박웃음을 짓는 게 아닌가. 텅 빈 냉장고가 아닌 맥주가 가득한 냉장고를 보면서 감성적인 만족을 느낀 것이다. 빈 집이 아니라 예쁜 가구로 채워진 모델하우스 같다는 게 대부분의 평가였다. 이처럼 소박하고 감성적인 접근도 얼마든지 섹시함이 될 수 있다.

파는 사람과 사는 사람, 기업과 소비자, 마케터와 고객은 평생 '밀고 당기기'를 해야 하는 관계다. 하루에도 수십 번씩 물건을 사고파는 시장에서는 끊임없이 협상이 일어난다. 이때 반드시 기억해야 할 것이 있다. 좀 더 이성적인 사람이 협상에 유리할 것 같지만, 정작 뚜껑을 열어보면 그렇지만은 않다는 사실이다. 우리가 살아가는 세상은 매우 감성적이다. 사람도 예외는 아니다. 물건이 더 싸다

나는 다른 것을 본다

고, 품질이 더 좋다고, 더 많이 준다고 해서 사지 않는 것이 고객 아니던가. 그래서 상대가 무엇을 원하는지를 들여다보는 것이 더욱더 중요하다. 그러다 보면 보이지 않던 것이 보이기 시작한다.

인간은 노동자가 아니라
예술가로 태어난다.

소설가 김영하, 〈매일경제〉 2013년 3월 29일

2
'나만의 룰'로
시장을 지배하라

언제 '결정구'를
던질 것인가

        2004년 10월 17일, 미국 보스턴의 야구구장 펜웨이파크에서의 일이다. 1918년 베이브 루스를 뉴욕 양키스에 트레이드한 이후 메이저리그에서 단 한 번도 우승을 못한(그때까지 사람들은 이를 '밤비노의 저주'라고 불렀다) 보스턴 레드삭스는 여전히 우승할 가망이 없어 보였다.

  뉴욕 양키스와의 월드시리즈 4차전. 4대 3으로 1점 뒤진 상황에서 9회 말 투아웃으로, 보스턴 레드삭스는 벼랑 끝에 몰려 있었다. 더욱이 상대 투수는 메이저리그 역사상 최고의 마무리라 불리는, 뉴욕 양키스의 마리아노 리베라. 일부 관객은 이미 승부의 추가 기울었다는 표정으로 자리를 뜨기도 했다. 다행히도 보스턴 레드삭스의 타자 케빈 밀러가 볼넷을 얻어 1루에 출루한다. 그럼에도 여전히 승부를 뒤집기에는 어려운 상황으로 보였다. 이때 보스턴 레드삭스는 1루 대주자로 데이브 로버츠를 내세운다. 설마 도루를? 모두 불가능한 작전이라 여겼다. 당대 최고의 포수라 불리는 호르헤 포사다가 뉴욕 양키스의 안방을 든든하게 지키고 있었기 때문이다. 만일 도루가 실패하면 경기는 그대로 패배였고, 월드시리즈 우승은 뉴욕 양키스에게 넘어갈 가능성이 높았다. 하지만 보스턴 레드삭스는 승부수를 띄웠고, 데이브 로버츠는 역대 최고의 투수와 포수 앞에서 도루를 성공한다. 그것도 강력한 견제를 뚫고 초구에 시도한 결과였다. 이후 심리적으로 흔들린 마리아노 리베라는 안타를 맞아 동점을 허용했고, 결국 그 경기는 새벽 1시가 넘은 연장전 끝에 보스턴 레드삭스의 승리로 끝난다(마지막도 데이비드 오티스의 끝내기 홈런이었다). 그리고 많은 독자들이 잘 알다시피 그해 보스턴 레드삭스는 86년 만에 우승컵을 거머쥔다.

투수가 위기의 순간 '결정구'를 던지듯이, 고객의 마음을 움직이는 데도 결정적인 '무언가'가 필요하다. 혹자는 소비자의 구매를 자극하는 그 무엇을 '핫버튼Hot button'이라 부른다. 고객은 기업의 핫버튼에 지갑을 열고, 독자는 저자의 핫버튼에 매혹당해 책장을 넘

104

긴다. 우리말로 번역하면 '강력한 승부수'라 하겠다. 고수들은 승부수를 숨겨둔다. 간파당한 묘수는 더 이상의 가치를 갖지 못하기 때문이다. 그래서 베일에 꼭꼭 싸두었다가 결정적인 장면에 내놓는다.

이때 명심해야 할 것이 하나 있다. 상대의 마음을 움직일 결정구는 평소 자신이 가장 잘 던지는 '공'이어야 한다는 사실이다. 학창 시절 미팅에 나가본 적이 있을 것이다. '짝'을 찾는 더없이 즐거운(?) 시간이지만, 실제 나가면 이만큼 냉혹한 현실이 없다. 동성 친구들과 경쟁해 자신만의 매력과 개성을 짧은 시간에 발산해야 하며, 참석한 이성 중 제일 마음에 든 참가자에게 지목받기 위해 자신의 매력을 어필해야 하는 가혹한 전쟁터다. 마케팅적으로 해석하자면 타깃팅과 차별화 전략인 셈이다. 이렇듯 우리는 실생활에서 알게 모르게 '나'라는 브랜드를 팔기 위한 마케팅 활동을 하고 있다. 만일 영화배우 장동건이 자신과 비슷하게 생긴 친구들과 미팅에 나갔다 치자. 천하의 매력남 장동건이라도 그런 친구들 틈에서는 돋보이기가 쉽지 않을 것이다. 차라리 인물이 다소 처지더라도 개성 있는 성격과 외모의 친구가 선택될 확률이 더 높을 것이다. 브랜드도 마찬가지다. 넘쳐나는 경쟁에서 나만의 장점과 개성으로 소비자에게 또렷하게 각인될 수 없다면, 아무리 제품이 뛰어나다 해도 경쟁의 정글에서 살아남을 확률은 거의 없다. 많은 기업이, 브랜드가 무섭도록 빠르게 변해가는 시장에 촉각을 곤두세우며, 혹시 시류에 뒤처지지는 않을지 매우 긴장하고 불안해하고 있다. 그러다 보면 자꾸 새로워지려는 욕심이 생기기 마련이다. 하지만 다 가지려 들면 끝도 없다. 본질에 충실한 것이 최고다.

미국에 매월 엄청난 실적을 올리는 '자동차 판매왕'이 있었다. 모두들 그가 승리하는 이유에 대해 궁금해했다. 부지런한 기자가 그를 관찰하기 위해 찾아갔다. 마침 한 부부가 부인의 새 차를 사기 위해 자동차 대리점을 방문했다. 눈치 빠른 동료직원은(그럼에도 하수에 불과하다) 남편에게 다가가 자동차에 관한 세부 정보를 열심히 설명하기 시작했다. RPM, 마력, 전륜구동, 에어백 등 전문용어와 함께 자동차의 첨단 기능을 열심히 설명하고, 자동차 무상 수리 보증기간 연장 등의 다양한 혜택을 늘어놓았다. 하지만 남편은 꿈쩍도 하지 않았다.

　반면 우리의 자동차 판매왕은 짐짓 물러서 있다가 한참 시간이 흐른 후에 부인을 향해 다가갔다. 그리고 매장 한쪽에 전시된 자동차로 이끈 뒤 앞좌석에 태웠다. 중요한 승부수는 이제부터다. 그는 차 앞에서 거울을 꺼내 들고 단 한마디만 건넸다.

"차에 타고 계신 모습이 정말 아름답습니다."

승부는 어떻게 됐겠는가. 기자는 부인이 남편에게 남긴 마지막 말을 우리에게 전하고 있다.

"여보, 갖고 싶은 차를 정했어요!"

고수는 '헛방질'에 체력을 소모하지 않는다. 승부수는 결정적인 순간에 한 방이면 충분하다. 에이스 투수와 평범한 투수를 판단하는 기준이 삼진을 잡는 결정구인 것처럼. 미국 변호사들은 이러한 승부수를 바로 마법의 총알이라 부른다. 항상 우리는 궁금하다. 도대체 어떤 승부수가 마법의 총알이 되어 우리를 승리로 이끌지 말이다. 아무리 훌륭한 작전이라도 결과를 속단할 수는 없지 않은가. 고민을 넋두리마냥 늘어놓기만 하는 것은 무의미하다. 해답의 조각들을 찾아야 한다. 다행히도 나는 수많은 선배들에게서, 그리고 다양한 경험을 통해 '마법의 총알'이 될 만한 여러 조각들을 발견했다. 그 모든 비기를 이 파트에 담을 예정이다.

호랑이에게
풀을 먹이지 마라

종종 우리는 지나치게 '객관성'을 의식한다. 가령 연애할 때의 기억을 떠올려보자. 여자친구가 회사에서 상사에게 깨지고 와서는 하소연을 늘어놓는다. 물론 이때는 연인의 편을 드는 것이 절대적으로 유리하다. 그런데 일부 남성들은(일부다!) 이 순간조차 객관성에 집착한다.

"상사가 지나친 건 사실이지만, 회사 입장에서 보면 너도 잘했다고 볼 순 없어."

자, 다음 상황은 불 보듯 빤하지 않은가.

강점은 끝까지 밀고 가라 —

2000년대 초, 맥도날드는 전 세계적으로 불어닥친 웰빙과 다이어트의 열풍을 맞아 창사 이래 가장 어려운 시절을 보냈다. 결국 시카고 본사에서는 나날이 하락하는 매출을 커버하기 위해 여러 가지 특단의 조치를 내놓았다. 소비자의 건강을 고려해 소위 웰빙 메뉴들을 전면에 내세우자는 것이 주된 내용이었다. 비만 탈피라는 명목으로 햄버거에는 야채가 더 많이 투입됐고, 메뉴 사이즈나 내용물은 이전보다 소량으로 편성했다. 결과는 어떻게 됐을까. 알다시피, 맥도날드 본사의 야심 찬 시도는 매출에도 소비자의 인식에도 이렇다 할 영향을 미치지 못했다.

그렇다면 당시 버거킹의 전략은 어떠했을까. 애초부터 맥도날드보다 사이즈도 크고 열량도 높았던 버거킹은 전혀 트렌드를 좇지 않았다. 여전히 높은 열량과 포만감을 강조하는 버거로 밀고 나갔다. 자신만의 길을 묵묵히 걸어갔고, 소비자들을 따라오게끔 만들었다. 그 결과, 버거킹은 큰 어려움 없이 소비자들의 지속적인 선택을 받았다.

뒤늦게야 맥도날드 경영진은 반성을 시작했다. 소비자들은 맥도날드의 모든 메뉴를 패스트푸드로 인식할 뿐이지, 웰빙 음식으로

나는 다른 것을 본다

규정하지 않는다는 사실을 깨달은 것이다. 사실 맥도날드에 오는 이들이 무얼 먹어야겠다고, 즉 특정 메뉴를 미리 정하고 오는 일은 거의 없다. 매장에 와서 메뉴를 보고 고른다. 어떤 음식을 먹어도 한 끼 식사로 충분할뿐더러, 더욱이 빠르게 나온다는 사실을 인지하고 있기 때문이다. 건강을 생각해서 웰빙 메뉴를 먹으려고 맥도날드에 가는 이들이 몇이나 되겠는가. 맥도날드는 다시 본래의 모습으로 돌아간다. 메뉴를 원래대로 되돌렸고 줄였던 양도 늘렸으며 오히려 푸짐한 메뉴를 더 추가했다.

버거킹의 행보 역시 흥미롭게도 맥도날드와 유사하다. 버거킹코리아는 2013년에 패밀리 레스토랑 출신의 CEO를 기용하면서 2014년, 프리미엄 라인인 블랙라벨 버거를 기획, 출시했다. 패스트푸드로서는 가장 고급스러운 이미지를 가지고 있던 버거킹이 고급화 전략으로 프리미엄 시장에 자리 잡겠다는 의도는 꽤 주목할 만했다. 특히 당시 수제 버거가 득세했고, 2018년 현재 쉑쉑 버거와 같은 고급화 외국 브랜드의 유입, 경쟁사들의 프리미엄 버거 출시 등 시장이 급격하게 변하고 있다는 점을 미루어본다면 버거킹의 변화는 어쩌면 당연하다.

하지만 그들이 숙고해서 내놓은 이 전략의 성공 여부는 좀 더 지켜봐야 할 듯하다. 프리미엄 버거 출시 전 2,000억 원대에 머물렀던 수익이 3,000억 원대로 상승한 데에는 기존 와퍼 메뉴의 할인 판매 전략이 가장 큰 역할을 했기 때문이다. 7,000~8,000원대의 프리미엄 버거가 버거킹의 대표 버거인 4,000원대의 와퍼를 뛰어 넘기 위해서는 어떤 전략이 필요했을까? 단순히 제품의 질만 향상 시키는 것으로는 부족했던 걸까?

일단 소비자들은 기존에 알고 있던 대표적인 패스트푸드점 버거 킹만의 제품과 프리미엄 버거가 다르다는 것에서 혼란을 겪었을 수 있다. 또 패스트푸드 서비스에 길들여진 종업원들이 수제 햄버 거 레스토랑의 서비스와 품질을 따라가기도 쉽지 않았을 것이다. 그것도 동시에 패스트푸드 제품을 제공하면서 말이다. 차라리, 버 거킹이 수제 버거 시장을 공략하려 했다면 별도의 브랜드로 레스 토랑을 냈으면 어땠을까? 수제 버거를 출시한다면, 그에 걸맞는 서비스와 레스토랑이 필요하기 때문이다.

나 역시 2004년 피자헛에 근무하던 당시, 정체되어 있던 피자헛 레스토랑을 개선하기 위해 '피자헛 플러스'라는 준 패밀리 레스토 랑 컨셉으로 시범 매장을 몇 개 운영한 적이 있다. 패스트푸드 시 스템에 익숙한 직원들만으로는 레스토랑을 운영하기 힘들고, 고객 들도 낯설어한다. 자신의 본질적 장점에 집중해야 한다는 교훈을 다시 한 번 실감한 경험이었다.

나는 다른 것을 본다

SWOT분석은 이제 기업에서 일상적인 업무가 됐다. 신제품이 아닐지라도 우리는 매번 내부와 외부의 강점과 약점, 기회와 위기를 따지고 든다. 여기까지는 바람직하다. 그런데 SWOT분석 이후 우리는 매번 약점에 더 주안점을 둔다. 어떻게든 약점을 보완해야 한다는 강박관념에 빠지는 것이다. 앞에서 본 맥도날드가 그러한 경우일 것이다. 약점을 극복하기 위해 기존의 강점마저 약화시키는 그릇된 판단이다. 다시 말하지만 약점을 보완할 시간에 강점을 강화하는 게 훨씬 더 유리하다.

2010년 '카스'의 성장세는 다소 주춤한 상태였다. 마침 경쟁사에서는 맥주의 풍미를 강조한 맥스가 출시되어 좋은 반응을 얻고 있었다. 오비맥주에서는 청량하고 톡 쏘는 맛이 강점인 카스를 진한 맛으로 바꾸자는 제안이 흘러나왔다. 맥스처럼. 하지만 오비맥주에 이제 막 합류한 나는 의아한 생각이 들었다. 당시 카스의 시장 점유율이 30%대 후반이었던 반면, 맥스는 10%가 채 되지 않았기 때문이다. 잘하고 있는데 굳이 바꿀 필요가 있을까? 마치 야생 호랑이에게 풀을 먹이겠다는 목표처럼 보였다. 물론 당시 '맥스'의 성장세는 예사롭지 않았다. 상대가 더 올라오기 전에 진압하기 위한 전략일 수도 있으리라. 하지만 여전히 시장에서는 카스의 청량하고 톡 쏘는 맛이 먹히고 있었다. 시장에 새로운 트렌드가 생겨났다고 본연의 강점을 포기한다면, 이는 전진이 아니라 후퇴다. 피자 헛을 '웰빙'이라는 키워드와 엮었을 때의 반응도 마찬가지였다. 기름기를 쫙 뺀 웰빙 스타일 피자는 오히려 피자 같지 않다는 여론이 일었다. 미국의 KFC도 웰빙 여파에 못 이겨 '켄터키 후라이드 치킨'에서 '켄터키 그릴드 치킨'으로 주력 제품을 변경했지만 시장에서 외면당하고 말았다. 새로운 것을 좇는다는 명분을 내세우다 정체성을 잃어버리면 오히려 기존의 고객마저 떠나보내기 쉽다.

새로운 시장에 발을 들여놓으려면 차라리 새로운 브랜드로 승부하는 것이 바람직하다. 기업의 브랜드 전략 차원에서도 유용할 것이다. 조직생태학의 대가인 스탠포드 대학의 마이클 해난 교수 역시 "한 업종의 모범사례를 다른 기업들이 다 따라 하면, 결국 기업 간에 차별점이 사라진 채 경쟁만 심화된다. 남들과 똑같은 전략이나 시스템을 선택했다는 사실 자체가 조직에 심각한 위협으로 작용할 수도 있다."라는 주장을 펼쳤다.

시장을 객관적으로 판단하는 것도 중요하지만, 제품의 강점을 살리려면 판사의 시선보다는 변호사의 시선으로 바라볼 수 있어야 한다. 판사는 어떤 존재인가. 판사는 검사와 변호사의 주장을 종합하여 객관적으로 판결을 내려야 하는 소명을 갖고 있다. 검사와 변호사처럼 사건에 깊게 개입하기보다 법정에서 제기되는 논리적 주장을 보고 판가름한다. 그들의 업무적 특성이다.

이에 비해 검사와 변호사는 각각 원고와 피고의 관점에서 사건에 깊숙이 관여한다. 특히 변호사는 의뢰인의 입장이 되어 법정에서 강점이 될 만한 증거들을 모으고 논리를 쌓는다. 자연히 객관적이라기보다 주관적인 시선에 가깝다. 판사가 두루 사실을 취합하며 넓은 시선으로 바라본다면, 변호사는 논리적인 승리를 따내기 위해 깊은 시선으로 집중한다. 나만의 강점, 기존의 장점을 지키고 강화하는 능력은, 좁지만 깊은 변호사의 시선에서 얻어지는 법이다.

다행스럽게도 우여곡절 끝에 '카스'는 기존의 강점을 지켜낼 수 있었다. 대신 정체되어 있던 OB 브랜드를 진하고 풍부한 맛의 OB 골든라거로 리뉴얼했다. 결과는 어땠을까. 카스는 맥스의 성장세를 저지한 동시에, 본연의 장점을 잃지 않고 시장 1위로 등극할 수 있었다. 그리고 현재도 1등 브랜드 맥주로서의 입지를 굳건히 하고 있다. 수많은 브랜드들이 지금 이 순간도 불안에 떨고 있다. 자기 자신의 강점은 믿지 못한 채, 경쟁사의 변화만 예의주시하고 있는 것이다. 특정 제품이나 브랜드가 잘나가는 걸 보면서 본연의 강점과 정체성마저 포기하며 승부하려는 강박증에 빠지기도 한다. 그러나 이런 시도는 매우 위험하다. 동요하지 말고 자신 있게 나만의 강점을 밀고 나가야 한다.

고깃집의 비밀은
고기 맛이 아니다?　　　—

논현동에 가면(지금이야 서울에 여러 지점이 생겼지만) 유독 손님이 끊이지 않는 '투뿔등심'이라는 고깃집이 있다. 당일 예약은 받지 않는데도 강남의 트렌드세터들이 몰려든다는 소문이 날 정도였다. A⁺⁺ 소고기만 판매한다 해서, '투뿔'이란 상호를 사용했다는 브랜드 스토리도 매력적으로 다가왔다. 하지만 어렵게 찾아간 그곳의 고기 맛은 생각보다 감동적이지 않았다. 물론 육질은 뛰어났다. 하지만 강남에는 워낙에 맛있기로 유명한 고깃집이 많지 않은가. 도대체 이 고깃집만의 비밀은 무엇일까. 가만히 보아하니 고기가 아닌 술에 있었다. 투뿔등심은 손님들이 자기가 마실 술을 가져오는 게 가능했다. 웬만한 단골이 아니고서야 음식점에 술을 가져갈 수 있다는 게 어디 흔한 일인가. 게다가 와인이라니. 고급 레스토랑에서는 와인 한 병당 코키지를 몇만 원씩 받기도 하는데, 투뿔등심에서는 가져온 와인을 아무런 비용 없이 자유롭게 마실 수 있는 데다 와인잔 제공은 물론 친절한 서빙까지 따라붙는다. 기념일이나 특별한 모임이 있는 날이면 와인을 들고 오는 손님들을 더욱 많이 볼 수 있다. 생각지 못한 친절함에 대한 고마움과 원하던 술을 마음껏 즐기는 흥겨움 때문인지, 이곳의 주 메뉴인 고기는 다른 곳에 비해 시간이 갈수록 주문이 늘어난다. 그렇다면 투뿔등심은 왜 이러한 전략을 사용했을까. 경쟁자들의 장점을 따라 한 것이 아니라, 자기만의 강점을 만들고 집중했기 때문이다.

대통령 직속 국가브랜드위원회 자문위원으로 활동할 당시, 이배용 위원장이 이런 말을 한 적이 있다.

"진정한 차별화란 경쟁자로부터 상대적으로 달라지려는 노력이 아닌 자기 자신이 지닌 장점의 주체적인 발전이다."

나는 이 주장이야말로 모든 브랜드 전략의 핵심을 관통하는 말이라 생각한다. 우리는 자신의 제품을, 서비스를, 브랜드를 맹목적으로 사랑해야 하는 숙명을 안고 있다. 즉 판사가 아닌 변호사에 가깝다. 그럼에도 매번 객관성에 집착하며 어떻게든 약점을 보완하려는, '평균을 향한 강박'에 빠진다. 시장 상황, 소비자 기호, 라이프스타일, 경쟁사 제품 등 시류에만 집중하다 오히려 정체성과 강점을 잃어버린다. 끝까지 살아남는 브랜드가 되고 싶다면 어떤 상황에서든 강점으로 똘똘 뭉친 자신만의 정체성에 집중하자. 그래야만 고객에게 거부할 수 없는 매력으로 다가갈 수 있다.

하나 덧붙이자면, 상사 때문에 화난 연인은 무조건 안아주기 바란다. 연애에서 객관적인 시선이란 아무짝에도 쓸모없는 법이니까.

'나만의 룰'로 시장을 지배하라

세계에서 가장 위대한 것은
나답게 되는 법을 아는 것이다.

몽테뉴

'어째서' 다른지가
중요하다

"무슨 분식이 이렇게 비싸요?"

인생도 그렇지만 사업도 마찬가지다. 살다 보면 결코 포기할 수 없는 게 있다. 재료비는 그가 포기하고 싶지 않았던 최종 마지노선이었다. 그는 최고의 재료로 조리한 음식만을 고객에게 선보이길 바랐다. 고추장만 해도 가장 비싼 태양초 고추장의 골든 라벨을 고집했다. 다행스럽게도 그의 음식을 먹어본 대부분의 고객들은 맛있다며 칭송했다. 그런데 하나같이 '분식치고 비싸다'고 말했다. 대체 뭐가 문제였을까?

고민 끝에, 그는 자신이 간과한 부분이 있음을 깨닫는다. 호텔 커피숍은 일반 커피숍보다 커피값이 몇 배는 더 비싸다. 하지만 누구도 호텔 커피숍의 바리스타에게 왜 이리 비싸냐고 따지지 않는다. 호텔의 서비스나 분위기가 그만큼 '다름'의 가치를 갖는다고 보기 때문이다. 그래서 그도 자신의 브랜드에 '다름'을 입히려 했다. 사실 이미 제품에는 뛰어난 맛과 재료라는 '다름'이 삽입되어 있었다. 하지만 말하지 않았기에 그 다름은 의미를 갖지 못했다. 그는 자신의 브랜드가 가진 다름을 두 가지 언어로 표현했다. 첫 번째는 프리미엄이었다. 인테리어와 메뉴, 그릇 등에서 고급스러운 이미지를 강조했다. 두 번째는 분식이란 이름 대신 'Korean Casual Dining'이란 개념으로 접근했다. 더 이상 고객들은 가격에 대해 묻지 않았고, 매장에 들어서는 순간 분식에 대한 편견은 사라졌다. 오리지널 프리미엄 분식의 원조로 불리며 미국, 홍콩, 태국 등 세계 곳곳에 진출한, 스쿨푸드 이상윤 대표의 이야기다.

뒤집고 또 뒤집어라   —

초경쟁 시대다. 다르지 않으면 경쟁에서 잠시도 버틸 수 없는 치열함이 지배하는 시대. 모두들 기존과 다른 아이디어를 떠올리기 위해 절치부심하며 애꿎은 머리카락만 쥐어뜯을 정도다. 불황이 심해지고 마케팅 수단이 범람할수록 일종의 보증수표처럼 여겨지는 것이 바로 '역발상'이다. 평소의 선입견이나 통념을 뒤집고 익숙한 것마저 낯설게 만드는 전략. 위에서 언급한 스쿨푸드의 전략 역시 분식은 저렴하다는 고정관념을 깨고 '프리미엄'이라는 가치를 내세웠다는 점에서 역발상의 일환으로 볼 수 있다. 역발상은 무엇보다 임팩트가 강하다. 이전까지 보지 못했던 것이기에 시선을 끌기 쉽고, 평범함에 담긴 비범함을 찾는 이들의 욕구를 끄집어낸다.

상대적으로 보수적인 금융상품에 역발상이 응용되기도 했다. 금융상품은 일반적으로 금액이 높을수록, 신용이 높을수록 금리가 높다. 그런데 국민은행의 대학생 전용통장 '락樂스타Star'는 100만 원 이하의 소액 예금에는 연 4%의 높은 금리를 책정하지만, 100만 원을 초과하는 부분에는 연 0.1%의 이자만 준다. 독특한 이 통장은 출시한 지 1년도 되지 않아 21만 명이 넘는 대학생이 가입했다. 통장 평균 잔고는 20만 원 수준이다. 얼핏 봐서는 손해까지는 아니지만 굳이 이렇게까지 해서 은행이 얻는 이득은 크지 않아 보인다. 그러나 실상은 그렇지 않다. 은행으로서는 1인당 연 9,000원 정도의 이자를 주는 대신 경제력이 크지 않은, 은행으로서는 '참 애매한 고객'인 21만 명의 대학생을 예비 고객으로 확보한 셈이다. 다른 마케팅 수단을 사용해 그만큼의 대학생을 고객으로 확보하려면 더 많은 비용과 시간을 투입해야 할 수도 있다.

브랜드 네이밍에서도 역발상이 가능하다. '놀부'라는 한식 프랜차이즈 매장을 처음 봤을 때 나는 의아함을 느꼈다. 한국 사회에서 놀부는 욕심의 상징이지 않은가. 일단 발상이 남달라서 매장을 찾게 됐다. 그리고 깨달았다. 적어도 음식점 이름으로는 배부른 놀부가 굶주린 흥부보다 낫다는 사실을. 욕심 많은 놀부가 먹던 밥상처럼 한 상 푸짐하게 차려서 내놓는다는 인식을 심어줬기 때문이다.

'엉터리생고기'라는 프랜차이즈도 마찬가지다. '엉터리'라는 단어의 사전적 의미는 '실속이 없다거나 실제와 어긋난다'는 뜻이다. 하지만 이 브랜드는 시골 장터에서 툭툭 썰어내는 고기처럼 세련미는 없지만 푸짐한 인정이 느껴지는 이미지를 각인시켰다. 오히려 엉터리라는 반어적 표현이 강력한 신뢰감과 친숙함을 선사하는 반전의 도구로 먹혔다.

설탕 대신 소금을 넣은 커피, 튀기지 않고 오븐에 찐 도넛은 어떤가? 커피전문점 파스쿠찌의 '솔티 아포가또^{Affogato}'와 오리온에서 만든 '튀기지 않은 도넛'은 고정관념을 깬 이름으로 자신을 알린 케이스다.

나는 다른 것을 본다

다르다고
다 좋은 것은 아니다

나는 무엇이든 한 번 뒤집어보거나 꼬아보는 데서 재미를 느낀다. 때로는 이런 일에 '촉'과 '감'이 매우 발달했다고 혼자서 겸손치 못한 평가마저 내린다. 이해해주길 바란다. 일정 정도 자신에 대한 긍정적 평가는 창의적인 아이디어의 촉매제가 될 수 있으니.

골프장에서 'OB'는 터부시되는 개념이다. 만일 당신이 골프장에서 'OB'가 새겨진 골프공을 선물받는다거나, OB를 냈는데 OB맥주를 선물로 받는다면 기분이 어떻겠는가. 우리 사회에서는 'OB' 하면 가장 먼저 떠오르는 게 두 가지 있다. 먼저 '올드보이'^{Old Boy}다. 졸업생, 선배를 뜻한다. 두 번째는 '아웃 오브 바운즈'^{Out of Bounds}로, 주로 골프경기에서 패널티 2타가 주어지는 장외^{場外} 타구를 말한다. 'OB'와 OB맥주. 올드보이는 그래도 맥주와 어느 정도는 어울린다. 주로 시니어 그룹을 가리키고 모임과 관련해 많이 쓰는 말이기 때문이다. 그러나 골프장에서 OB를 반기는 사람은 없다. 아니, 가장 피하고 싶은 것 중 하나일 것이다.

하지만 나는 'OB맥주' 브랜드를 리뉴얼하면서 골프장에서도 적극

OB라고 새겨진 이 골프공은 꽤 인기를 얻었고, 나중에는 '행운의 상징'처럼 취급되어 이 공으로 티샷을 하려는 골퍼들이 많아질 정도였다.

적인 프로모션을 진행하기로 마음먹었다. 한물간 브랜드, 17년 동안 외면당하고 잊혀져 가던 OB라는 브랜드를, 그것도 OB를 떠올리기도 싫어하는 골프장에서 프로모션을 한다고? 당연히 모두들 말렸다. 당연히 한술 더 떴다. 심지어 골프공에도 OB를 새겨서 나누어주자고 했다. 결과는? 믿을 수 없이 좋았다.

그 밖에 골퍼들이 OB를 내더라도 OB 특설 티에서 보기를 하면 (OB버디라 부른다) OB맥주 6팩을 증정하는 행사를 진행했다. 비록 OB를 범했지만 한 번 만에 그린에 올려 실수를 빨리 만회하기를 응원하는 의도였다. OB 특설 티에도 종전의 커다란 하얀 공 대신 대형 OB 맥주캔을 세워두었다. 골퍼들의 반응은 긍정적이었다. OB를 범해 짜증났던 마음이 다시 밝고 경쾌해진다는 것이었다. 골프공도 마찬가지였다. OB내지 말라고 OB가 새겨진 골프공을 나눠주며 OB는 'Oh Beautiful!'이라고 설명해주었더니, 아기자기한 관심과 일종의 유머로 받아들였다. 그러다 보니 지금은 OB 골프공이 생각보다 꽤 인기를 얻고 있다. 이 공으로 티샷을 해야 OB를 내지 않는다며 꼭 받으려는 골퍼들이 생겨날 정도다. 사소한 역발상이 리뉴얼한 'OB맥주' 마케팅에도 큰 기여를 한 것 같아 그저 뿌듯할 따름이다. 다르다고 무조건 좋은 것은 아니다. 다름에는 '의미'가 있어야 한다. 골프공에 'OB'를 새기는 것이 사소한 역발상처럼 보일지는 몰라도, 이 모든 전략의 기저에는 실수를 빨리 만회한 골퍼에게 응원의 박수를 보내자는 의도가 내재되어 있다. 살면서 (누구나 겪었을) 한 번쯤의 실패는 거뜬하게 이겨내는 선배들의 맷집에 경의를 표하자는 '의미 있는' 다름이기도 하다.

나무 아래서
물고기를 구하다   —

2016년 6월, 일본의 불황기로 안타깝게 폐업했으나, 반세기 넘게 지역에 자리 잡으며 수년간 매출 1위를 유지하던 다이신백화점. 백화점이라고 하기에는 조금 어색할 만큼 작고 허름하지만, 주변의 대형 백화점들과 차별화된 경쟁력을 갖췄다. 100년 전통의 비누와 포마드, 분말치약, 쥐덫까지, 무려 18만 종이 넘는 제품을 판매하는 대품종 전략이 그것이다. 그뿐만이 아니다. 생선회 세 점, 삼겹살 세 조각, 김밥 1개씩을 소량으로 판매하는 전략도 한몫했다. 특히 '추억의 500엔짜리 도시락'을 배달하면서는 직원이 나이 지긋한 고객의 안부까지 챙기는 서비스를 실행해 큰 호평을 받았다. 우리나라 유명 백화점들이 고급 베이커리와 해외 브랜드를 입점시켜 젊은 층을 유인하고 고급 수요를 공략하는 것과는 사뭇 대

나는 다른 것을 본다

조적이다.

그렇다면 다이신백화점의 전략이 먹힌 이유는 무엇일까. 단지 감동적인 고객 서비스만으로 '다름'을 정의하기란 어딘가 부족하다. 그들의 다름에는 분명 '의미'가 존재한다. 겉으로는 고객의 다양한 취향을 존중하겠다고 말하고 있지만, 그런 의도라면 잡화점에 가면 된다. 자세히 들여다보면 백화점이지만 백화점에서는 결코 찾지 않는 물건들을 팔겠다는 치밀한 계산이 깔려 있다. 제품을 소량으로 판매하거나 예전에 즐겨 먹던 추억의 도시락을 파는 것 역시 고령층을 위한 단순한 서비스만으로는 볼 수 없다. 거대한 성장동력인 시니어의 니즈를 충족하는 동시에, 일본 경제호황 시절의 문화까지 추억하게 한 것이다. 이러한 다이신의 전략은 고가의 제품이나 최신 제품을 판매한다는 일반 백화점의 상품 포트폴리오를 바꾸고, 적은 돈으로도 가볍게 즐길 수 있는 백화점의 이미지를 만들어냈다. 물론 보편적인 백화점의 모습이 될 수는 없겠으나 '역발상'을 통해 경쟁력을 확보한 마케팅임에는 틀림없다.

충북 영동군의 '산골오징어' 역시 의미 있는 다름을 만들어내서 대성공을 거둔 사례다. 바다를 볼 수 없는 내륙지방에서 오징어라니! 마치 나무 아래에서 고기를 구한다는 '연목구어緣木求魚'라는 말처럼 시선을 끈다. 일단 다름은 확실하게 인정이다. 하지만 바다가 아니라 산이라는 사실이 의미 있는 다름이 될 수 있을까?

산골오징어는 표고버섯을 재배하던 한 농민의 아이디어에서 출발했다. 그는 표고버섯을 다 말린 후 겨울마다 놀고 있는 건조대를 보면서, 냉동 오징어를 사다가 말리기 시작했다. 예기치 않게 영동 산골의 차가운 겨울바람과 맑은 햇빛이 만나 바삭하게 건조된 오징어가 쫄깃쫄깃하고 담백한 맛으로 승화한 것이다. 산골오징어는 이내 소비자들의 입맛을 사로잡았고, 국내 대형 마트를 휩쓸었으며, 미국과 일본 등지로의 수출 길도 열렸다. '산골오징어'는 제조의 다름을 넘어 맛의 '의미'를 찾아냈고, 그 의미 있는 다름이 시장의 패턴을 바꾼 것이다. 아울러 불가능한 일과 동의어였던 '연목구어'의 의미를 재해석해 우리에게 교훈마저 선사했다. 불가능도 얼마든지 가능해질 수 있다는 교훈을.

우리가 먹는 사과는 평범한 과일일지 몰라도, 뉴턴이 바라보는 사과는 만유인력의 영감이 된다. 똑같은 현상이라도 어떠한 관점에서 바라보느냐에 따라 그 의미는 달라진다. 나는 역발상적 사고를 매우 선호하지만, 단지 역발상을 하겠다는 의지만으로는 인사이트를 찾을 수 없다. 어떤 의미를 갖고 접근할 것인지, 어떤 의미로 발전시킬지를 끊임없이 고민해야 시장을 선도할 수 있다. 그것이 바로 나무 아래서 물고기를 구하는 비기일 것이다.

나는 다른 것을 본다

하나의 패턴을 발견했다면
그것을 깨라,
그렇지 않으면 지루해 할 것이다.

존 레넌

더 많은 별을
빛나게 하라

소위 대박 난 드라마에는 공식이 있다. 그 드라마로 뜬 '조연'이 있는지 없는지를 보면 된다. 언젠가부터 주인공 못지않은 조연들의 인기가 콘텐츠의 흥행을 가늠하는 잣대가 되고 있다. 세계적으로 천만 명이 넘게 시청한다는 영국 드라마 〈셜록〉도 베네딕트 컴버배치가 연기한 홈즈만으로는 지금의 인기를 거두지 못했을 거라는 평가다. 서브 주인공이라 할 수 있는 왓슨을 보려고 〈셜록〉을 보는 이들이 많다는 것이다. 대중은 원래 욕심이 많다. 한 번에 더 많은 재미를, 더 많은 가치를 얻고 싶어 한다. 액션 영화를 보면서 로맨스도 즐기고 싶은 마음이랄까. 브랜드도 마찬가지다. 대중은 단순히 '필요' 때문에 찾는 제품이나 서비스에 '브랜드'라는 지위를 부여하지 않는다. 또 다른 가치를 지녀야만 브랜드로 대접받을 수 있다.

주당도 품격을 원한다

"여러분~ 모두 부~자 되세요! 꼭이요!" 대한민국 성인이라면 대부분 기억할 법한 이 광고. 2001년 대한민국을 강타했던 광고가 부활했다. 당시 모델이었던 탤런트 김정은이 앳된 얼굴로 "부자 되세요" 하고 외치면 TV를 보던 성동일이 한마디 던진다. "돈을 줘야 부자가 돼지." tvN 인기 드라마 〈응답하라 1994〉의 한 장면을 이용한 비씨카드의 광고다. 과거에 큰 인기를 끌었던 광고와 가장 핫한 드라마가 만나 2014년 버전의 '부자 되세요'가 만들어졌다.

이처럼 기업의 제품 및 브랜드를 게임이나, 방송, 음악 등의 엔터테인먼트 요소와 접목해 소비자에게 친숙하게 다가가려는 시도를 '브랜디드 엔터테인먼트Branded Entertainment'라 한다. 단순히 제품정보를 전하는 것이 아니라, 스토리를 입힘으로써 브랜드 이미지와 제품을 알리는 마케팅 기법이다.

브랜디드 엔터테인먼트의 대표 주자로는 '앱솔루트'를 꼽을 수 있다. 스웨덴산 보드카 앱솔루트는 '보드카 하면 러시아'라는 등식이 굳건하게 자리 잡은 시장을 뚫는 데 성공한 브랜드다. 심지어 그들은 후발주자였다. 앱솔루트는 예술가, 디자이너, 영화감독 등 창의적인 그룹과 협력해서 자신들만의 브랜드 스토리를 만들었는데, 그중에서도 대표적인 것이 예술광고다.

첫 번째 예술광고는 1985년 팝 아티스트 앤디 워홀에 의해 만들어졌고, 뒤이어 키스 해링, 팝 아티스트 백남준, 디자이너 데이비드 캐머런, 사진작가 헬무트 뉴튼, 디자이너 안나 몰리나리 등 세계적인 예술가들이 작업에 참여했다. 1999년에는 구찌의 디자이너였던 톰 포드가 '앱솔루트 구찌'를, 2002년에는 장 폴 고티에가 '앱솔루트 고티에'를 선보였다. 앱솔루트는 지금껏 1,500여 편의 광고를 제작했으며, '20세기 가장 뛰어난 광고 베스트 10'에 선정될 만큼 광고계에서의 위상도 높다. 수십 년 동안 세계적인 아티스트들이 작업한 앱솔루트 아트 컬렉션은 단순한 마케팅 수단이 아닌 예술작품으로 인정받아 박물관에 전시할 정도가 됐다. 이른바 아트 제품이라는 새로운 장르를 개척한 것이다. 소비자들이 앱솔루트에 최고 브랜드라는 지위를 선사한 이유는 '술맛' 때문만이 아니다. 그에 수반되는 '품격'이란 가치가 녹아 있기 때문이다.

매년 새롭게 내놓는 앱솔루트 보드카의 독창적인 디자인 역시

나는 다른 것을 본다

이와 유사한 맥락이다. 한정판으로 제작된 광고판 앱솔루트 병은 소장가들의 수집품이 된 지 오래다. 평소 앱솔루트의 독특한 디자인에 반해 병을 수집하는 이들도 적지 않다. 바에서 '소비하는' 술이라는 가치에 '소장하고' 싶은 술이라는 가치를 더해 새로운 구매 욕구를 끌어낸 것이다.

맥주회사가 잔을 파는 이유 —

그렇다면 브랜디드 엔터테인먼트가 점점 중요해지는 이유는 무엇일까. 나는 숙명여대에서 이 분야를 강의하면서 스스로에게 질문한 결과, 몇 가지 장점으로 정리할 수 있었다.

먼저 브랜디드 엔터테인먼트는 소비자들의 까다로운 입맛을 충족하는 데 최적화된 전략이다. 소비자들은 날이 갈수록 똑똑해지고 있다. 대량 생산된 제품을 가리지 않고 집어드는 대신, 자신만의 가치 체계를 갖고 브랜드의 희소성, 차별성, 문화, 품격 등을 꼼꼼히 따진다. 이제 기업은 단순히 제품의 1차적 기능을 넘어서서 다른 '무언가'를 어필할 수 있어야 한다.

컴퓨터 업체 아수스는 자동차 브랜드 람보르기니와 협력해 람보르기니 노트북 한정판을 만들었다. 노트북을 켤 때 들리는 우렁찬

카스 이스케이프^{Cass Escape}. 국내 유명 팝아티스트 이에스더가 억압된 생활에서 일
탈을 꿈꾸는 현대인의 욕망을 표현한 작품. 이에스더의 Escape 시리즈는 강렬
한 색채를 사용해 무조건 최고가 돼야 한다는 무한경쟁의 현실을 벗어나고 싶
은 현대인의 탈출욕구를 담아냈다.

과거에는 패키지에 부가 이미지를 입히는 게 어려웠지만, 최근에는 음료 및 맥주 브랜드들이 스페셜 에디션 등으로 디자인의 다양성을 꾀하고 있다. 이 패키지의 경우 프로야구 선수가 통쾌하게 홈런을 치는 이미지를 통해, 카스의 익사이팅한 브랜드 정신을 표현한 것이다.

벨기에 루벤에서 유래된 600년 전통의 라거맥주 스텔라 잔. 귀족적 우아함을
상징하는 성배 모양으로, 와인잔처럼 생겨서 여성들에게 인기가 많다.

벨기에 수도원에서 생산된 맥주 레페 블론드 잔. 수도원에서 만들어진 맥주임을 나타내듯, 전용 잔이 성배 모양이다.

람보르기니 엔진 소리는 독특한 즐거움을 선사한다. 코카콜라는 브랜드 탄생 125주년을 맞아 칼 라거펠트가 디자인한 한정판 병을 제작했는데, 각종 해외 잡지들은 이 제품을 '머스트 해브 아이템'으로 꼽았다. '에비앙'은 크리스티앙 라크루아와 폴 스미스 등이 디자인한 14달러짜리 물병을 만들어 매진시킨 경험이 있다. 우리나라에서도 파리바게트가 생수 '오'를 만들어 기존 생수병과는 다른 독특하고 예쁜 모양으로 신선함을 강조했다.

오비맥주 역시 국내를 대표하는 예술가 7명과 손잡고 카스 브랜드와 비주얼 아트를 접목한 경험이 있다. 부부 패션 디자이너로 유명한 스티브J&요니P는 '카스 아트 콜라보레이션'에 참여해 카스의 젊은 에너지를 그들만의 독특한 개성으로 풀어낸 한정판 티셔츠와 쿨러백을 선보였다. 팝 아티스트 이에스더는 다람쥐 쳇바퀴 같은 생활에서 일탈을 꿈꾸는 현대인의 욕망을 '카스 이스케이프Cass Escape'란 작품을 통해 표현하기도 했다. 아울러 산업 디자이너 이광호와 가구 디자이너 황형신은 젊고 튀는 이미지를 담은 브랜드 조형물과 카스 전용 오프너, 잔, 안주 볼 등 맥주 소품을 만들어 호평을 받았다.

스타벅스 매장에 들어가면 텀블러나 커피잔 등을 진열한 매대가 눈에 들어온다. 단순히 부가적인 상품 차원에서 잔을 파는 것만은 아

나는 다른 것을 본다

니다. 집에서도 스타벅스 로고가 새겨진 잔으로 커피를 마시면, 매장에 온 듯한 분위기에 젖게 되고. 자연히 스타벅스라는 브랜드에 애착을 갖게 된다. 커피를 팔면서 잔도 팔고, 브랜드 선호도도 높아지니 팔지 않을 이유가 없다. 오비맥주에서도 맥주와 별개의 상품으로 잔을 판매한다. 스텔라, 호가든 등 각각의 맥주에 맞는 고유의 잔을 통해 맥주에 얽힌 스토리와 제대로 마시는 법 등을 알아가다 보면, 브랜드에 대한 애정도는 높아진다.

똑똑한 소비자를 끌어들여라 —

브랜디드 엔터테인먼트의 두 번째 장점은 소비자의 '참여'를 이끌어내기 쉽다는 것이다. 기술이 발달하면서 품질만으로는 차별화가 점점 어려워지고 있다. 앞선 기술력으로 최첨단 제품을 만들었다 해도 이내 경쟁사가 비슷하거나 더 나은 제품을 들고 나온다. 음료 시장만 해도 얼마나 많은 미투제품이 쏟아지는가. 상식적으로 음료시장에서 더 이상 새로운 브랜드가 탄생하기란 어려워 보일 정도다. 하지만 언제나 상식을 깨는 기적은 존재한다.

에너지 드링크 '레드불'은 브랜드 자체를 브랜디드 엔터테인먼트화한 기업이다. 레드불은 '레드불은 당신에게 날개를 달아드립니다'Red Bull Gives You Wings' 라는 슬로건을 내세우며 다양한 익스트림 스포츠와 이벤트 행사를 전개했다. 일례로 오스트리아의 모험가 펠릭스 바움가트너는 인간이 도전할 수 있는 가장 높은 곳에서 자유낙하를 시도했는데, 결국 12만 피트(37,000미터) 상공에서 뛰어내려 세계적으로 화제가 되었다. 레드불에 담긴 열정과 모험심, 그리고 활력 넘치는 이미지가 수많은 이들에게 고스란히 전해졌음은 물론이다.

'브랜디드 엔터테인먼트'의 또 다른 장점은 자연히 바이럴 마케팅, 입소문으로 연결된다는 것이다. 2009년 2월 맨해튼에서 소니 노트북을 든 마네킹 같은 모델들이 거리를 걸어다니는 모습이 포착됐다. 이 장면은 이를 지켜보는 많은 사람들의 흥미로운 표정과 더불어 유튜브나 SNS를 통해 전 세계로 확산됐다. 당연히 소니에서 진행한 브랜디드 엔터테인먼트다.

2000년대 중반 삼성전자는 애니콜 캠페인 '애니모션'을 진행하면서 가수 이효리를 출연시켜 음악과 뮤직비디오 등을 제작했다. 이효리를 CF 퀸으로 만든 한 편의 영화 같은 애니모션은 누가 시키기라도 한 것처럼 인터넷을 통해 단숨에 퍼져나갔다. 마치 싸이의 '강남스타일'이 유튜브를 통해 순식간에 전 세계에 퍼진 것처럼.

애니콜의 성공신화 이후 수많은 브랜디드 엔터테인먼트가 시도되었고 지금껏 이어져오고 있지만, 주의해야 할 점도 있다. 재미있는 스토리를 만드는 데 주력한 나머지, 화려하게 꾸미는 데 치중한 나머지, 정작 제품을 알리는 데는 실패할 수 있기 때문이다. 광고를 실컷 보았는데도 머릿속에 모델인 이효리나 전지현만 기억에 남은 적은 없는가? 제품은 온데간데없이 광고에 나오는 노랫말만 흥얼거린 적은 없는가?

멋진 포장은 답이 되지 않는다. 퀄리티가 떨어지는 제품과 서비스는 아무리 노력해도 '브랜디드 엔터테인먼트'의 혜택을 입을 수 없다. 소비자들에게 선사해야 할 핵심 가치는 건재해야 한다. 앱솔루트가 술로서 가치가 없었다면 아무리 뛰어난 예술가가 참여했다 해도 지금의 자리에 오르지 못했을 것이다. 셜록이라는 주인공의 캐릭터가 탄탄했기에 왓슨을 비롯한 다른 씬스틸러Scene Stealer들도 빛날 수 있었다.

모든 스토리에는 주연도 등장하지만 조연도 필요하다. 우리네 인생도 마찬가지다. 어떤 무대든 주인공만 세울 수는 없다. 조력자가 필요하다. 별은 어두운 밤하늘 아래서 더욱더 빛나는 법. 마케터는 숨겨진 것만을 찾는 사람이 아니다. 숙명적으로 감춰질 수밖에 없는 존재를 드러나게 하는 거룩한 창조자다.

자기 혼자 빛나는 별은 없어.
별은 다 빛을 받아서 반사하는 거야.
영화 〈라디오스타〉 중에서

더 이상 방관자로
남겨두지 마라

2014년에 개봉한 〈더 울프 오브 월 스트리트〉라는 영화를 본 적이 있다. 러닝 타임이 3시간이나 되는 상당히 긴 영화였는데, 유독 한 장면이 두고두고 기억에 남았다. 주인공(레오나르도 디카프리오)이 갑자기 펜을 꺼내더니 친구들에게 이 펜을 자기에게 팔아보라고 제안하는 모습이었다. 대부분 갑작스러운 제안에 살짝 당황하며 펜의 기능만 장황하게 늘어놓다가 주인공에게 제지당하고 말았는데, 한 바람둥이 친구만이 별거 아니라는 표정으로 주인공에게 물었다.

"옆에 있는 냅킨에 이름 좀 써줄래?"

'나만의 룰'로 시장을 지배하라

주인공은 주머니를 뒤지면서 되물었다.

"펜이 없는데?"

그러자 그 바람둥이 친구는 씩 웃으며 펜을 들어 보였다. 펜의 기능은 언급하지도 않고 왜 펜이 필요한지를 상대에게 확실히 각인시킨 셈이다. 그는 친구를 펜이 필요한 상황에 끌어들였다. 우리는 종종 제품이나 서비스를 설명하려 든다. 매우 길고 자세하게. 뭔가 켕기는 게 있으면 변명이 길어지는 것처럼, 제품과 서비스에 대한 자신이 없으면 설명만 장황해진다. 이야기의 핵심이 빠져 있는 한, 대화는 주변만 겉돌다 끝날 수밖에 없다.

우리는 '경험'을
팔고 있습니다 ㅡ

전통적 마케팅의 역할은 일방적 커뮤니케이션이었다. 한마디로 대중매체를 기반으로 브랜드와 제품, 그리고 서비스를 알리는 것으로 충분했다. 기업은 TV나 라디오를 통해 불특정 다수의 사람들과 일방적으로 소통할 수밖에 없었다. 하지만 퍼스널 컴퓨터가 나오고, 어디에서든 인터넷이 터지고, 모바일과 거의 24시간을 붙어 지내면서 전혀 다른 세상이 되어버렸다. 이제 특정 개인과 기업이 얼마

나는 다른 것을 본다

든지 서로 커뮤니케이션할 수 있는 시대가 온 것이다(너무 당연한 일이기에 조금도 놀랍지 않다). 기술적으로 치면 경이로운 발전인 데다, 잠재 타깃과 직접 대화를 나눌 수 있다니 기업 입장에서 얼마나 반가운 일이냐고 생각할지 모르겠지만, 꼭 그런 것만은 아니다.

일단 고객들이 받는 정보가 기하급수적으로 늘어났다. 이 책을 읽는 당신만 해도 하루에 몇 건의 홍보 문자와 광고 메일을 받는지 생각해보라. 모르긴 몰라도 업무상 메일보다 더 많이 받는 날도 있을 것이다. 정보가 많다는 것은 그만큼 버려야 할 정보(쓰레기)도 많다는 뜻이다. 게다가 이제 소비자들은 트위터나 페이스북 등을 통해 자신이 느끼고 생각하는 바를 즉각 표현할 수 있게 되었다. 이제 마케터의 역할은 단순히 커뮤니케이션을 잘하는 것만으로 끝나지 않는다. 제품이나 서비스를 경험한 고객들이 어떤 의견을 갖는지, 향후 신제품에 무엇을 반영해주길 원하는지까지, 모든 접점을 관리하는 일로 확장되어 가고 있다. 이 과정에서 아주 작은 실수를 저지르거나 소소한 결함이 밝혀지거나 커뮤니케이션에 오해가 발생하면, 기업은 커다란 비난에 휩싸일 수 있다. 소비자의 마음을 알고 싶다고 간절히 외친 기업들이 외려 그 대가를 톡톡히 치르고 있는 셈이다.

적당한 '거리두기'가 사라지면서 소비자들의 행동이나 습성 역시 예전에 비해 크게 달라졌다. 일단 경험과 참여가 늘어났다. 2010년 IBM기업가치연구소가 미국, 영국, 독일, 일본, 중국 등 5개국 소비자 1,000명을 대상으로 설문 조사한 결과, 소비자가 제품을 구매할 때 가장 중시하는 사항으로 '경험'을 꼽았다고 한다. 엄청난 정보의 홍수 속에서 쓸 만한 정보를 빠르게 골라내야 하는 사람들에게 '경험'이 강렬하게 와닿는 것은 당연하다. 블로그에 올라오는 제품 후기만 봐도 예전처럼 기능을 줄줄이 자세하게 설명하는 이들은 많지 않다. 그보다는 내가 이걸 갖고 어디서 누구와 어떻게 놀았는지가 중요하다. 오늘날 파워블로거들은 자신의 경험을 파는 사람들이다.

과연 한국 맥주는
맛이 없을까?

소비자들은 스팸문자나 정크메일의 폐해를 호소하면서도 하루가 다르게 적극적으로 변해가고 있다. 그들은 더 이상 페이스북에서 '좋아요'를 누르는 데 만족하지 않는다. 화려한 홍보영상이나 지나치게 친절한 설명 앞에서는 오히려 따분해진다. 메시지를 받아들이는 데 익숙해지다 보면 어느덧 '눈팅'만 하는 방관자가 되기 마련이

나는 다른 것을 본다

다. 하지만 우리는 어떻게든 그들을 끌어들여야 한다. 연예인들이 가장 두려워하는 것이 악플이 아니라 '무플'이라는 말처럼, 기업에게 소비자들의 무관심은 가장 큰 적이다. 가령 맥주회사라면 맥주를 마시게 하고, 맥주를 권하게 하고, 맥주에 관한 추억을 만들어주어야 한다. 그들이 경험하는 모든 것은 곧 브랜드 이미지가 된다. 일단 제품을 쓰는 순간부터 방관자는 벗어나는 셈이니.

2013년 초 한 영국인 기자가 〈이코노미스트〉에 '한국 맥주는 북한의 대동강맥주보다 맛이 없다'라는 취지의 기사를 쓴 직후, 수많은 매체에서 '한국 맥주는 개성도 없고 맛도 없다'는 불만 섞인 기사를 보도했다. 고민스러웠다. 할 말은 많았지만 섣부른 답변은 변명처럼 보일 것 같았다. 아무리 우리가 "아니다!"라며 광고를 하거나 보도자료를 배포해도, 대중은 그러한 일이 있었다는 데만 관심을 가질 뿐, 사실 여부를 가리지 않을 게 분명했다. 이미 많은 사람들의 마음속에 한국 맥주는 맛도 없고 개성도 없는 존재로 인식되어 있었다. 정보가 많은 시대에는 사실보다 인식이 중요한 법이다.

그렇다면 어떤 방법으로 대중에게 사실을 증명해야 할까. 어떤 방법으로 소비자들의 마음을 다시 가져와야 할까. 고민하고 있던 차에 마침 〈서울신문〉에서 실제로도 국산 맥주가 맛이 없는지를 문의해왔다. 나는 이것이 기회라고 보았다. 그래서 답변하는 대신

"직접 마시고 평가해 달라!"고 요청했다. 맥주 맛을 테스트하자고 제안한 것이다. 결국 20대에서 50대까지 다양한 연령의 〈서울신문〉 대표 주당기자 13명을 선정해 맥주 시음회를 열었다. 다섯 가지 맥주의 상표를 철저하게 가린 후에 시음하는 '블라인드 테스트' 방식이었다. 시음 대상은 'OB골든라거', '하이트', 일본의 '아사히', 유럽의 '하이네켄', 미국의 '밀러'였다. 평가는 두 가지 방식이었는데, 일단 마시고 난 후 맥주 브랜드를 맞히는 것과 각각의 맥주를 시음한 뒤 5점 기준으로 개별 평가하는 것이었다. 결과는 어떠했을까? 〈서울신문〉 표현을 빌리자면, 참혹할 정도였다.

두 번에 걸쳐 진행된 테스트에서는 참가자 대부분이 맥주 5종 가운데 1개를 겨우 맞혔다. 〈서울신문〉 오달란 기자의 기사(2013년 10월 1일자)에 의하면 1·2차 테스트의 평균 정답 개수는 각각 1.16개와 1.15개에 불과했다. 게다가 1차에서 맞힌 브랜드를 2차에서도 일관되게 맞힌 참가자는 단 한 명도 존재하지 않았다. 참가자들은 테스트를 하기 전 평소 즐겨 마시던 맥주 브랜드를 적어냈으나, 시음 결과 자신이 좋아하는 맥주를 정확히 맞힌 기자는 극소수였다. 맥주 맛에 대한 별점 평가(5점 만점)에서 참가자들은 본인이 '아사히'라고 추측한 샘플에 가장 높은 점수인 평균 3.05점을 주었고, '하이트'라고 추측한 샘플에는 가장 낮은 점수인 2.07점을 줬다. 하지만 실제 '아사히'를 정확히 맞힌 참가자 2명의 평점은 1점으로 다른 맥주에 비해 현저히 낮았다. '하이네켄'과 'OB골든라거'를 맞힌 5명의 평균 점수가 3.4점과 3.2점으로 높은 편이었다.

실제 맥주 맛의 차이를 정확하게 구분하는 사람은 거의 없다. 궁금하면 직접 시험해봐도 좋다. 각기 다른 맥주 3종의 브랜드를 가린 채 컵에 부어 순서를 바꿔가며 시음하다 보면, 극도로 미각이 발달한 소수를 제외하고는 분간하기 힘들다는 사실을 알게 될 것이다.

이 블라인드 테스트 후에 우리는 맥주 맛에 대해 특별히 해명할 필요가 사라졌다. 물론 이 테스트 결과를 아직 접하지 못한 일부 소비자들은 여전히 오해할 수도 있겠지만, 경험이 만들어준 증거가 있는 이상 더 이상 조심스러울 필요는 없었다. 이제는 우리가 어떤 광고 메시지를 내세우든, 변명과 거짓이 아니라는 확실한 증거를 갖고 있기에 소비자들 앞에서 당당해질 수 있다. 경험과 체험은 그만큼 분명한 근거로 작용한다.

경험자에서 '참여자'로 진화하라 —

나는 피자헛에 근무하던 당시, 전 세계 최초로 한국에서 온라인 주문 시스템을 개발했다. 지금이야 온라인으로 피자를 주문하는 게 일상이 되어버렸지만, 당시엔 시스템 구축도 힘들었고 사람들을 끌어들이기도 어려웠다. 낯부끄러운 자랑 같지만, 이 시스템은 글로벌 본사에까지 소개되어 2010년 전 세계 피자헛 온라인 매출 1조 원을 달성하는 근간이 되었다. 나도 이로 인해 피자헛의 모기업인 얌 브랜드^{YUM Brands}로 발탁되어 피자헛 글로벌 브랜드 마케팅 및 뉴미디어 마케팅 총괄을 맡게 되었다. 이 시스템과 마케팅 노하우를 전 세계 피자헛에 보급하고자 약 3년 동안 1년의 절반을 비행기와 낯선 땅에서 보냈다. 그 기간 실감했던 것은 선진국인 미국을 포함한 일본 및 대부분의 유럽 국가들도 인터넷 기반은 매우 열악하다는 사실이었다. 대한민국의 IT 인프라의 힘을 다시금 느끼게 된 계기였다.

지금 와서 당시 온라인 주문의 성공요인을 복기해보면, 그때에는 매우 획기적인 시스템이었기에 높은 성과를 낼 수 있었던 것도 사실이다. 하지만 나는 그와는 다른 관점에서 성공요인을 분석하고 싶다. 바로 소비자의 '참여'다. 내가 주도했던 피자헛 온라인 주문 시스템에는 고객이 참여할 수 있는 여지를 많이 만들어두었다. 피자를 주문한 뒤 멍하니 배달원만 기다리게 만들지 않으려고 했다. 피자를 주문하는 과정에서 고객을 방관자로 남겨두고 싶지 않았

나는 다른 것을 본다

다. 우선 피자를 주문하고 받아볼 때까지 즐길 수 있는 온라인게임을 만들어서 획득한 점수에 따라 다음번 주문에서 쓸 수 있는 쿠폰을 발급했다. 아무런 대가 없이 받은 쿠폰보다 직접 땀 흘려 얻은 쿠폰은 쉽게 버리기 힘든 법. 오히려 쿠폰의 이용률은 높아졌다. 인터넷 검색이나 채팅 중 피자를 주문하기 위해 해당 창을 닫고 피자헛 홈페이지로 옮겨와야 하는 수고도 없앴다. 소비자가 채팅창을 닫지 않고도 피자를 주문할 수 있는 주문엔진을 제공한 것이다. 발렌타인데이에는 하트 모양의 한정판 피자를 만들어 온라인에서만 판매했다. 다른 주문 채널이 아닌 온라인에서 편리하게 주문할 수 있도록, 제품의 희소성, 오퍼의 한정성, 가격의 탄력성을 함께 제공했다. 혜택을 제공하면 사람들은 모이기 마련. 굳이 막대한 비용을 들여서 외부 배너광고를 진행하지 않았는데도, 혜택이 많은 온라인 주문 쪽으로 자연스럽게 옮겨 왔다. 회사 입장에서도 일반 전화 주문보다 온라인 주문 쪽 운영비가 적게 들기에, 고객과 회사 모두 윈윈하는 결과를 얻을 수 있었다. 소비자는 특별한 경험을 통해 자신의 감성적 욕구를 충족한다. '소비자 참여'라는 포인트가 이 시스템의 확실한 성공요인이었다.

"이거 써보면 어때?", "그 집 맛있니?" 사람들은 트위터나 페북, 카카오톡을 통해 서로의 경험을 주고받는다. 솔직 리뷰, 솔직 후기라는 말이 달린 블로그에는 댓글이 주루룩 달린다. 예전에도 그랬겠지만, 대중의 참여는 인터넷이라는 수단을 통해 날개를 달았다. 드라마나 영화로 치자면 '열린 결말'이다. '열린 결말'^{open ending}이란 작가가 작품의 결말 부분을 명확하게 끝내지 않고 독자들이 직접 작품의 결말을 상상하거나 추리할 수 있도록 끝맺는 형태를 말한다. '열린 결말'을 가진 스토리는 대중의 무한해석을 낳는다. 결말을 상상하는 과정에서 대중은 스토리에 참여한 기분에 빠지게 되고, 그러면서 콘텐츠에 열광한다.

　뉴미디어가 발달하면서 개인의 영향력은 하루가 다르게 커져만 가고 있다. 사람들은 모두 인생의 무대에서 주인공이 되고 싶어 한다. 대중을 방관자로 취급한다면, 그들에게서 어떻게 사랑을 기대할 수 있겠는가. 사랑받길 원한다면, 그들이 참여할 수 있는 무대(플랫폼)부터 만들어줘야 한다. 그리고 그 무대에서 빛나게 하자.

세월이 사물을 변화시킨다고 하지만,
실제로는 여러분 스스로 사물을
변화시켜야 한다.

앤디 워홀

정말 나다운 것을
보여줘라

암만 봐도 하나의 브랜드를 성장
시키는 건, 아이를 키우는 일과 비슷한 것 같다. 항상 조심스럽고(자
면서조차 긴장의 끈을 놓을 수 없다), 끊임없이 애착을 표현해야 하고(더 많
이 바라보고 안아줘야 한다), 관심을 가져야 하며(장점과 특징을 찾는다), 아
주 오랜 고생 끝에 보이는 아주 작은 결과에도 큰 감동을 받는다(어느
새 삶의 동력으로 자리 잡는다). 자식을 키워봐야 어른이 된다는 말처럼,
아이가 자라고 브랜드가 커가는 모습을 보면서, 이를 지켜보는 나 또
한 계속해서 성장하는(실력적으로나 인격적으로) 기분이 든다. 그래서
나는 '내 아이'를 바라보는 마음으로 내 브랜드를 대한다.

사람은 누구나 잘하는 것이 있는 반면, 못하는 것도 있다. 자녀 교육에 정답은 없겠지만, 현명한 부모는 아이의 고유한 재능을 잘 살려주는 부모다. 반면 그렇지 못한 부모는 아이에게 세상에서 요구하는 보편적인 능력을 심어주려 한다. 그림 잘 그리는 아이에게서 스케치북을 뺏고 피아노 앞에 앉히는 격이랄까.

이렇듯 사람이든, 물건이든 그것이 가진 고유의 특성을 우리는 '정체성'이라 부른다. 어찌 보면 우리네 인생은 자기만의 정체성을 찾아가는 과정인지도 모른다. '나다운 것', '너다운 것'을 찾아낸다면, 인생은 꽤 살 만한 것이 아니겠는가. 정체성은 독창성과도 맞닿아 있다. 나다운 것을 찾았는데 그것이 대체 불가능한 것이기까지 하다면? 그야말로 일석이조다. 사실 (사람이야 꼭 그렇지는 않겠지만) 브랜드의 정체성은 독창적일수록 좋다. 아니 독창적이어야 한다. 나에게는 광고 카피를 평가하는 나름의 기준이 있는데, 다른 브랜드를 그 카피와 매칭해보는 것이다. 만일 다른 브랜드를 대입했는데도 그 카피와 잘 어울린다면, 그건 잘못된 카피다. 특정 브랜드만의 카피가 될 수 없기 때문이다.

수많은 프로그램이
경쟁하는 세계 —

흔히 텔레비전을 바보상자라 부른다. 아이들 교육을 위해 거실에서 텔레비전을 치워버리는 집도 적지 않을 것이다. 물론 지나치게 보면 문제가 되겠지만, 나는 TV를 보면서 나름의 인사이트를 얻는 편이다. TV는 1분 1초도 쉬지 않고 벌어지는 마케팅 전쟁의 축소판이다. 광고나 홈쇼핑 채널은 말할 필요도 없거니와, 드라마의 예고편도 결국은 "제발 저를 봐주세요!"라고 외치는 광고나 마찬가지다. 각 방송사는 수목 드라마, 일일 드라마, 주말 연속극 등 비슷한 포맷의 드라마(상품)를 팔아야 하는 숙명을 안은 마케터다. 드라마에는 PPL이 심심치 않게 등장하고, 다양한 예능 프로그램에 출연하는 연예인들은 시청자들에게 자신의 매력을 팔기 바쁘다.

최근 들어서는 드라마끼리의 경쟁뿐 아니라, 지상파와 케이블 간의 경쟁을 보는 재미 역시 쏠쏠하다. 종편 등의 케이블 채널을 보지 않으면 대화에 끼어들기 힘들 만큼, 케이블 채널에 대한 대중의 관심은 가히 심상치 않다. 미국에서는 지상파가 보여줄 수 없는 색다른 시도가 가능한 덕에 원래 케이블 채널이 강세를 유지해왔다. 심지어 미국의 HBO 채널은 지상파보다 더 품격 높은 콘텐츠로 유명한데, 역대 최고의 드라마라 불리는 〈소프라노스〉의 탄생도 HBO이기에 가능했다는 평론가들의 평가를 받기도 했다.

반면 한국의 케이블 채널은 한동안 지상파 TV의 콘텐츠를 모방하고 재방송하는 수준에 머물렀기에, 시청자들의 전폭적인 지지를 얻을 수 없었다. 하지만 몇 년 사이에 상황이 역전되었다. 케이블 채널만이 만들 수 있는, 케이블 채널이 아니면 시도할 수 없는 프로그램이 속속들이 등장하면서 시청자들이 열광하기 시작한 것이다. 케이블 채널의 정체성, 가장 케이블 TV다운 것은 무엇일까? 바로 '도전과 실험'이다. 지상파 TV가 대중에게 안정된 콘텐츠를 공급한다면, 케이블 채널은 새로운 것에 대한 시도와 실험정신을 기반으로 콘텐츠를 만들어낸다. 지상파를 쫓아가지 않고 자기만의 색을 살린 것이 케이블이 인기를 얻은 이유일 것이다.

그중에서도 경이적인 시청률로 모두를 놀라게 한, 1980~90년대를 배경으로 한 드라마 〈응답하라〉 시리즈는 케이블 채널의 가장 큰 성공작이라 해도 과언이 아니다. 우선 제작 구성원부터 실험적이다. 이 프로그램의 연출자와 작가가 모두 예능 프로그램 출신이기 때문이다. 그런 외부인들에게 프라임타임의 미니시리즈 드라마를 맡긴다는 것은, 지상파 드라마 시스템에서는 불가능한(?) 얘기다. 더욱이 출연자들 역시 대부분 신인이거나 조연급에 불과했다.

A급 스타가 출연하지 않은 데다 1980~90년대를 배경으로 하기에 자칫 유치해 보일 수도 있었다. 그러나 〈응답하라〉 시리즈는 모두의 예상을 깨고 보기 좋게 성공했다. 성공 요인으로 여러 가지가 있겠지만, 가장 먼저 1980~90년대만의 특색, 오리지널리티를 가장 완벽하게 재현했다는 점을 꼽을 수 있을 것이다. 일명 '응사', '응칠', '응팔'은 단순한 흥행에 그치지 않고 사회 전반에 1980~90년대를 회상하는 열풍까지 일으켰으니 드라마의 정체성을 제대로 각인시킨 셈이다.

브랜드도 사람도
약속을 지켜야 한다　　　　—

브랜드 정체성이 중요한 또 다른 이유는, 소비자들에게 브랜드 약속Brand Promise으로 전달되기 때문이다. 브랜드 이미지는 오랜 세월 동안 대중과 함께 만들어온 일종의 문화나 마찬가지다. 갑자기 브랜드 정체성이 변하거나 흔들리면 소비자와의 관계는 자연히 삐걱댈 것이고, 결국 브랜드에 대한 신뢰는 실추될 것이다. 브랜드와 소비자를 친구 관계에 빗대어 생각해보자. 오랜 시간 동안 '이 친구는 이런 사람이야'라고 생각하면서 지내왔는데, 하루아침에 그게 무너진다면 쉽게 받아들일 사람이 몇이나 되겠는가.

　역사를 되짚어봐도 진화 혹은 혁신이라는 명분으로 갑작스러운 변화를 시도해 위기에 봉착한 브랜드는 참으로 많다. 기존 코카콜라에 대한 변화의 필요성을 과대평가해 결국 '오판의 대표'로 자리 잡은 1985년의 '뉴 코크'는 이미 불명예의 전당에 올랐다(코카콜라는 1992년, 다시 원래의 맛으로 회귀했다). 최근 이런 실패의 선두에 선 또 다른 브랜드로 닌텐도를 꼽을 수 있다. 한때 "왜 도대체 우리는 이런 제품을 못 만드는 거냐?"라는 전* 대통령의 멘트로, 창조경제의 모델이 됐던 그 브랜드다. 닌텐도 게임기의 특징은 다른 디지털 게임과 달리 작동법이 어렵지 않아 누구나 쉽게 다룰 수 있다는 점이었다. 그런데 갑자기 그 평이함을 버리고 화려한 그래픽과 복잡한 스토리가 담긴 제품을 만들면서 시장의 뒤안길로 밀려났다. 우리는 기억해야 한다. 혁신적이라고 다 좋은 건 아니라는 사실을. 닌텐도는 화려하고 복잡한 게임이라는 트렌드에 휩쓸려, 게임기만의 특성, 즉 자신의 색깔을 잃어버렸다.

주류 업계에서도 이와 유사한 사례가 있다. 조금 과장해 말하자면, 트렌드는 매일 불어오는 바람이 아니라 방금 지나간 태풍에 비유할 수 있다. 태풍은 한창 불 때는 그 위력이 엄청나지만 지나간 후에는 언제 그랬냐는 듯이 고요해진다. 그런데 우리는 종종 이 태풍에 모든 것을 맡긴다.

대한민국 술자리에서 한때 최고의 인기를 누렸던 '백세주'는 찹쌀과 누룩에 열 가지 이상의 한약재를 넣어 발효시킨 약주다. 그런데 2000년대 초반, 이 백세주와 소주를 일대일로 섞어 마시는 일명 '오십세주'가 유행하기 시작했다. 소주의 쓴맛과 백세주의 단맛이 섞이자 나름대로 색다른 맛이 만들어졌다. 혹자들은 취하기 좋은 세기의 발명품이라는 찬사까지 곁들였다. 당시 '오십세주'는 메뉴판에 정식으로 등록되었고 제조 전문 주전자까지 등장할 정도로 선풍적인 인기를 구가했다. 심지어 백세주를 생산하는 기업에서 정식으로 오십세주를 시제품으로 출시하기도 했다.

하지만 아쉽게도 지금은 오십세주를 찾아보기 쉽지 않다. 마셨던 문화조차 기억에서 가물가물할 정도다. 대단한 위력을 발휘하다 사라지는 태풍 같은 트렌드의 속성상 어쩔 수 없다 쳐도, 아쉬운 점은 백세주의 브랜드 파워도 오십세주의 소멸과 더불어 힘을 잃어가고 있다는 사실이다. 사실 제품의 마케팅 활동에서 절대 하지 말아야 할 것 중 하나가, 타 제품과의 혼합 마케팅이다. 이는 브랜드 고유의 개성과 존재감을 말살하는 자충수가 되기 쉽다. 비록 단기적인 성공을 맛볼 수 있을지는 모르겠으나, 장기적으로는 브랜드의 생명을 앗아가는 자살 행위에 가깝다.

우리의 우정을
훼손시키지 마라 ———

앞에서 브랜드의 정체성은 소비자와 맺은 약속이 된다고 했다. 이런 약속은 슬로건과 광고, 프로모션에서도 일관된 메시지로 전개된다. 볼보의 자동차는 디자인보다는 안전을 보장하고, 도미노피자는 30분 내 피자 배달을 약속한다. 이 약속은 브랜드가 존재하는 한 반드시 지켜야 할 생명선과 같다. 많은 브랜드들이 이 약속 이행을 소홀히 했다가 역사 속으로 사라지기도 한다. 반면 장수 브랜드의 경우 트렌드와 타협하지 않고 소중한 약속을 철저히 지키면서 고객과 더 탄탄한 우정을 쌓아간다.

　내가 근무했던 맥도날드와 피자헛 등의 글로벌 외식 브랜드는 특히 소비자들과의 약속을 소중히 여겼다. 적게는 수백 개, 많게는 수천 개의 매장을 통해 사람들에게 약속을 담은 브랜드 경험을 선사한다. 제품 주문, 응대, 조리, 청소, 구인, 매장 관리 등의 소비자 접점에서 이뤄지는 모든 업무가 이 약속에서부터 시작되는 것이다. 맥도날드는 자신들의 정체성이 즐거움Fun이란 사실을 분명하게

이 포스터는 20대 젊은이들을 타깃으로 그들이 모이는 장소 및 동네에 실제 부착했던 카스의 미래 이미지 Futuristic Brand Image다. 카스를 영원히 사랑받는 Ever Green 브랜드로 만들기 위해, 젊은이들을 상대로 일관되게 카스의 브랜드 지향점을 보여주고 있다.

깨닫고 있다. 매장 직원의 유니폼부터 광고와 홍보자료, 테이블 매트까지 속속들이 즐거움을 표현한다. 이러한 정체성이야말로 매장에서 최대의 매출을 올릴 수 있게 만드는 원동력이자, 소비자에게 최고의 브랜드 경험을 선사하는 본질인 셈이다.

'카스'는 1994년 6월 탄생한 이후, 지금껏 한결같이 제품의 신선하고 짜릿한 청량감을 강조하는 동시에 '젊음'이라는 일관된 브랜드 이미지를 유지해왔다. 중간중간 표현하려는 방법에 따라 도전, 열정, 사랑 등 광고 메시지의 변화는 다소 있었지만, 늘 일관되게 젊음이라는 정신과 문화를 표현하려 노력했고, 그 대상은 지속적으로 20대 초반을 겨냥해왔다. 반면 경쟁사 '하이트'는 깨끗한 물의 이미지로 시장 1위의 자리에 등극한 뒤, 젊음, 순수, 깨끗함 등 브랜드 정체성을 종종 바꿔나갔다. 결국 브랜드에 혼동을 느낀 팬들이 이탈하면서 1위를 내줘야 하는 아픔을 겪었다.

변하지 않으면 불안하다. 종종 혁신에 대한 피로를 호소하는 것은 마케터의 숙명이다. 하지만 불안해도 지켜야 할 것이 있는데, 그것이 바로 정체성이다. 정체성을 위해서라면 핸디캡마저 안고 갈 수 있어야 한다. 처음에는 남들이 단점이라고 한 것이 오히려 장점으로 변할 수도 있다(다시 한 번 강조하지만, 가장 나쁜 것은 이랬다가

저랬다가 계속 바꾸는 것이다).

2012년부터 사랑받으며 시즌별로 제작 중인 예능 프로그램 〈히든싱어〉는 타 방송사에서 거절당한 프로그램이라고 한다. 모창이라는 핸디캡(?)이 존재했기 때문이다. 성대모사나 모창은 하나의 프로그램을 만들기에는 흔한, 어찌 보면 진부한 소재다. 그동안 모창 하나로 대박 프로그램을 만든 사례가 거의 없던 것만 봐도 알 수 있다. 하지만 〈히든싱어〉는 모창이라는 소재의 한계를 넘어서서, 원조 가수의 사연과 진정성을 담아내면서 대성공을 거뒀다. 이 챕터 안에서 중의적으로 해석한다면, 〈히든싱어〉는 정체성이라는 힘을 두 가지 관점에서 멋지게 살려낸 프로그램이다. 첫 번째는 케이블 채널의 정체성인 실험과 도전이고, 또 하나는 원조 가수가 지닌 정체성의 구현이다. 정체성은 이렇게 힘이 세다.

나는 다른 것을 본다

내가 세계 제일의 감독이라고는
생각하지 않는다.
하지만 나 이상의 감독이 있다고도
생각하지 않는다.

조제 모리뉴 감독

반드시 자기 공을
노려라

　　　　　　　　　　서울의 3대 족발 중 하나인 성수
족발. 족발 마니아라면 한 번은 가봤을 이 가게는 언제나 줄서서
기다리는 사람들로 인산인해를 이룬다. 심지어 저녁 8시가 되면
재료가 없어서 못 파는 일도 비일비재하다고. 우연히 가게를 들여
다보니 크기는 10평 내외인 데다 자리도 10석 정도에 불과했다.

　문득 '이렇게 장사가 잘되는데 어째서 가게를 넓히지 않는 걸까?'
하는 의문이 들었다. 하지만 뒤집어 생각해보니 오히려 작은 매장이
브랜드 가치를 높이고 있음을 알 수 있었다. 가게 안에 들어가지 못
한 사람들이 열심히 줄을 서기에 알아서 광고가 되고, 자리에 앉은

손님들도 스스로 일찌감치 빠져주니 회전율이 높고, 족발의 특성과 맞물려 음식을 포장해가는 손님들 숫자가 그 어떤 커피 전문점 못지않다. 성수족발은 대신 주변의 주점과 연계해 족발을 구입한 손님들이 그곳에 가서 음식을 먹을 수 있도록 했다(주점은 이때 주류와 두 번째 안주를 판매하면서 수익을 남긴다). 성수족발은 자기들의 핵심인 '맛'을 확실한 전략으로 밀고 간다. 강점을 고수하면 손님들이 알아서 찾아올 거라는 사실을 간파한 것이다. 동시에 가게를 홍보하는 방법도 정확하게 꿰뚫어보았다(마케팅 비용 한 푼 안 쓰면서). 반면 내가 아는 김 사장은 무리하게 매장을 확장하다 낭패를 본 케이스다. 손님은 그대로인데 매장이 커지니 인건비는 더 들어가고, 파리만 날리는 것처럼 보이게 되어 브랜드 가치가 추락해버린 것이다.

남들이 하니까
우리도 한다?   ──

현대카드 정태영 사장이 다음과 같은 트윗을 날린 적이 있다. 꽤나 공감할 수 있는 멘트였다.

　"많은 기업이 회사문화와 DNA를 전혀 고려하지 않고 전략을 세운다. 이는 운동선수가 자기 신체조건과 관계없이 전공 종목을 고르는 것만큼이나 어처구니없는 일이다."

어쩌면 우리가 세상을 살면서 가장 모를 존재는 자기 자신인지도 모른다. 골프장에 가면 제일 자주 듣는 얘기가 있다. "나 오늘 왜이러지?"라는 말이다. 공이 원하는 방향으로 가지 않거나 어처구니없는 플레이를 하는 날이면 어김없이 등장하는 멘트다. 물론 그날따라 실수가 많았을 수도 있을 것이다. 하지만 그렇게 말하는 이들의 대부분은 평소에도 골프를 잘 치지 못하는 사람들이다. 그냥 자신의 실력에 환상을 갖고 있을 뿐. 이제 막 골프를 시작한 초보인데 골프채는 타이거 우즈가 쓰는 가장 좋은 걸로 사서 떡하니 들고 오는 이들도 있다. 자신의 스윙에 맞는 골프채가 있는 것처럼, 자신의 본질에 맞는 전략을 세우는 것은 매우 중요하다.

한 번은 팀원이 홈페이지 개편 아이디어를 들고 왔다. 반드시 필요한 건 아니었지만 굳이 반대할 필요가 없을 것 같아 무심코 사인하려다 깜짝 놀라고 말았다. 금액이 예상보다 어마어마했기 때문이다. 우리가 흔히 저지르는 실수다. 높은 단가를 책정한 것이 실수가 아니라, 남들이 하니까 무조건 해야 한다고 생각한 것이 미스다. 물론 홈페이지는 필요하다. 하지만 냉정하게 분석해보자. 과연 맥주회사 홈페이지를 찾는 고객들이 얼마나 될까. 다소 극단적으로 표현하자면 맥주회사 홈페이지를 방문하는 사람들 중 1/3은 기자이고, 1/3은 경쟁사 마케터요. 1/3은 실속만 차리는 체리피커들이다. 과연 홈페이지 개편에 엄청난 비용을 투자하는 게 올바른 선택일까? 그럼에도 홈페이지 개편안은 마케팅 전략으로 빠지지 않는, 때만 되면 기본 옵션처럼 따라붙는 안건이다. 두 번 생각하지 않은, 안이함의 극치다.

블로그, 페이스북, 인스타그램, 트위터 등 뉴미디어가 온라인을 점령하면서, 온라인 세상은 기업에게 또 다른 시험대가 되고 있다. 온라인에 무한한 잠재고객들이 존재하는 것은 부인할 수 없는 사실이다. 하지만 그들이 순순히 우리의 구애를 받아들여 구매버튼을 클릭할까? 단지 제품을 선전하는 데 끝나는 건 아닐까? 제품 프로모션에 참여하는 데 그치는 건 아닐까? 실제 많은 기업들의 페이스북에 들어가보라. 제품과는 아무런 관련도 없어 보이는 일회성 캠페인들의 일색이다. 트위터에는 별다른 의미가 없는 광고카피 같은 홍보성 멘트들이 올라온다. 담당자가 들고온 마케팅 기획서에는 어떤 내용을 어떻게 알려서 얼마나 팔겠다는 내용이 빠진 채, 'O월 O일까지 팔로워 O만 명 확보' 같은 막연한 목표만 쓰여 있다.

여기서 짚고 넘어가야 할 점 하나. 적지 않은 리더들이 'SNS 포비아'에 빠져 있다는 사실이다. 자신이 SNS에 익숙하지 않기에 겁부터 내는 것이다. 잘 몰라서 반대하는 게 아니냐는 말을 들을까 봐 SNS와 관련된 기획이라면 무조건 동의하는 경향이 있다. 일종의 디지털 허세다. 그들은 리트윗 O만 건이라는 수치가 어떤 결과로 이어질지 따져보지도 않고 이러한 답변을 날린다.

"남들 다 하는데 우리도 기본은 해야 하지 않겠어?"

물론 뉴미디어 마케팅이 무조건 나쁘다는 것은 아니다. 그렇게 해서 탁월한 효과를 본 기업도 적지 않다. 다만 무조건 남들이 하니까라는 식의 생각을 바꿔야 한다는 것이다. 그러한 상황에서는 의미 없는 이벤트가 속출할 수밖에 없다.

자동차용품 전문기업 불스원은 온라인상에서 일회성 프로모션이 아닌 일관성 있는 마케팅을 전개하는 것으로 유명하다. 2012년부터 시작된 '아이 러브 마이 카^{I Love My Car}'의 캠페인에는 '내 차를 소개합니다', '내 차랑 놀자!' 등의 이벤트가 포함되어 있다. 당첨된 가족을 오프라인의 가족세차 놀이터로 초청해 셀프세차 등 자동차와 관련된 각종 체험형 프로그램에 참가시킨다. 잠재고객들에게 참여하는 재미를 선사한다는 점, 기업의 본업과 어울리는 이벤트라는 점에서 높은 점수를 주고 싶다. 댓글 하나 달고 추첨으로 자동차용품 하나 선물받는 것보다 훨씬 기억에 남을 일 아닌가. 충성고객이 늘어나는 건 당연하다. 이처럼 온라인 기획이 오프라인 행사로까지 연결되어 고객들의 열렬한 참여를 이끌어내는 것이야말로 가장 효과적인 뉴미디어 마케팅이라 생각된다.

먼저 '나'를 만족시켜라 —

일본 최고 소설가 중 한 명인 히가시노 게이고가 다음과 같이 고백한 적이 있다.

"나는 작품을 쓸 때 어린 시절 책 읽기를 싫어했던 나 자신을 독자로 상정하고, 그런 내가 중간에 내던지지 않고 끝까지 읽을 수 있는 이야기를 쓰려고 노력한다."

그가 책을 쓰면서 가장 먼저 염두에 두는 독자는, 그 누구도 아닌 바로 자신이었다. 자기 자신이 온전히 즐기지 못하는 것을 어찌 세상에 내놓을 수 있겠는가.

나는 '카스라이트' 광고를 찍으면서 싸이를 만나게 됐다. 우리는 운이 매우 좋았다. 그가 '강남스타일'로 엄청나게 뜨기 전에 계약했기 때문이다. 그는 자신이 '똘아이'임을 언제나 적극적으로 홍보하고 다닌다. 그의 똘아이 전략은 매우 솔직해 보이지만 치밀하다. 예쁘면 모든 게 용서되는 시대에서 뱃살을 감추지 않았고, 멋있기보다 재밌어 보이기를 택했다. 그가 자기만의 'B급 코드'를 대놓고 어필할 수 있었던 건 자기가 할 수 있는 것만 고집하기 때문이다. 사실 이 태도가 쇼를 즐기는 최고의 방법이 아닐까. 내 자신이 즐기지 못하는데 도대체 누구를 즐겁게 만들 수 있단 말인가.

그래서 나도 후배들에게 마음껏 일탈해보라고 권한다. 물론 뭐든지 허용하겠다는 의미는 절대 아니다. 선배가 알아서 걸러줄 테니 일단 자기가 하고 싶은 것, 자기 색깔을 보여주라는 얘기다. 나는 어울리지 않는 최신 스타일의 옷을 애써 입으려는 사람보다 자기가 좋아하는 옷을 입고 신나서 춤추는 이들이 진정한 인사이터라 믿는다. "절대 다른 것을 찾지 마라. 세상에 새로운 건 없다. 단지 내 것을 하면 된다."고 외치는 제이오에이치 조수용 대표의 주장에 절로 고개를 끄덕일 수밖에 없다.

수많은 소비자들을 사로잡은 승자들의 면모도 크게 다르지 않다. 스타벅스라는 제국은 커피 애호가인 하워드 슐츠에 의해 탄생했고, 페이스북이나 구글을 창업한 것은 컴퓨터에 열광하던 세대였다. 이들은 자기만의 '쇼show'로 대중들을 끌어들였다. 그러기 위해서는 자신이 무엇을 좋아하는지, 나만의 강점이 무엇인지를 잊지 말아야 한다. 40대 중반의 김 부장이 유행에 뒤처지지 않겠다며 노래방에서 랩을 하고 춤을 춘다면 멋져 보일까? 어쩌면 지켜보는 후배들의 손발만 오그라들지도. 차라리 평소 자주 듣던 발라드를 끝까지 부르는 것이 몇 배는 더 멋있어 보일 것이다. 내가 제일 잘할 수 있는 걸 보여줘야 흥행에 성공한 쇼가 된다.

나는 다른 것을 본다

워런 버핏은 일찍이 다음과 같이 말했다. "훌륭한 타자는 타석에 들어설 때마다 홈런을 치겠다는 욕심을 부리지 않고, 자신만의 고유한 타격 자세를 잡은 뒤 자신이 좋아하는 공이 나오면 방망이를 휘두른다."

야구에서 삼진의 대부분은 자기가 칠 수 있는 공이 아니라, 스트라이크에 가까운 공에 현혹되어 방망이가 나가는 경우다. 실력 있는 타자들은 원하던 공이 나오지 않으면 파울로 걷어내고, 오로지 자기가 원하는 공을 때려서 안타나 홈런을 만들어낸다. 이는 마케팅 전략에서도, 인생에서도 마찬가지다. 우리는 종종 어림짐작으로 이것이 트렌드니까, 다른 사람들도 다 하니까라면서, 잘 몰라도 재미가 없어도 따라 하려고 한다. 이러한 습관이 우리를 함정에 빠뜨린다.

유니클로는 다른 옷들보다 상대적으로 가격이 저렴하다. 만약 유니클로가 명품처럼 브랜드 로고를 크게 박았다면 지금처럼 성공할 수 있었을까. 유니클로가 자기 브랜드에 자신이 없어서 로고를 달지 않은 것이 아니다. SPA 브랜드를 구매하는 사람들은 고품질의 옷을 착한 가격으로 구매하는 합리적인 성향의 소비자다. 다양하고 빠른 상품 전환으로 자기만의 스타일을 연출하는 이들이다. 굳이 로고를 드러낼 필요가 없는 것이다. '로고리스' 백이 유행하는 것도 비슷한 이유일 것이다. 2014년, 명품 로고로 도배된 가방보다 로고를 없애고 어떤 브랜드인지 궁금증을 갖게 하는 로고리스 백이 크게 주목을 받으며 시장의 중요 키워드로 자리매김했다. 로고만 봐도 어느 브랜드인지 아는 식상한 명품백보다 가격도 착하고 개성도 드러낼 수 있는 가방을 선호하는 소비자의 욕구가 반영된 결과다.

피터 드러커는 "자신의 약점을 보완해 봐야 평균밖에 되지 않는다. 차라리 그 시간에 자신의 강점을 발견해 이를 특화시켜 나가는 편이 21세기를 살아가는 방편이다."라고 주장했다. 자신이 무엇을 좋아하는지, 무엇을 잘하는지 제대로 깨닫는 순간, 강점은 강화된다. 자연히 약점은 흐릿해진다. 그 순간부터 우리는 한 편의 쇼를 제대로 즐길 수 있다. 이것이 우리가 살아남는 방식이다.

어떤 사람이 자기 이야기를 하고
또 하고 또 하다 보면
그 자신이 스토리가 된다.
그러면 그가 죽고 난 뒤에도
스토리는 살아남고,
그렇게 함으로써
그도 영원히 살게 되는 것이다.

영화 〈빅 피쉬〉 중에서

나만의 리그를
만들어라

김연아, 이영애, 김태희, 전지현….
모두 나이도 분야도 다르지만 공통적으로 '대한민국 CF퀸'이라는
타이틀을 가진 스타들이다. 그러나 대한민국, 아니 세계적으로 사
랑받는 이들도 힘을 쓰지 못하는 분야가 있으니, 바로 맥주광고다.
예전에 경쟁사 하이트에서 피겨여왕 김연아 선수를 광고모델로 기
용한 적이 있었는데, 모델의 지명도에 비해 광고효과는 매우 낮았
다. 오히려 젊은 여성 스포츠 스타를 기용한 사실에 언론과 네티즌
이 질타를 보내기도 했다. 어째서 다른 제품과 달리 맥주광고는 남
자 모델들만의 전유물이 되었을까? 왜 마초들의 터프한 액션, 사

나이들의 우정, 성공남들의 성취와 환희 등, 판에 박힌 모티브로만 스토리를 풀어가는 것일까?

젊음과 역동을 조준하다

여러 요인이 있겠지만 무엇보다 맥주라는 제품이 지닌 남성성 때문일 것이다. 같은 술이라 해도 소주광고에는 여자 모델이 등장한다. 아니, 여자 주연을 더 선호한다. 반면 '캬아~' 하는 탄성과 함께 잔을 부딪치며 즐기는 맥주는, 소주에 비해 남성적인 이미지가 훨씬 강하다. 술을 마실 때도 마찬가지다. 살다 보면 좋은 날도 있고 슬픈 날도 있으며, 행복한 순간도 있고 좌절스러운 순간도 있다. 저마다 취향에 따라 다르겠지만, 괴로운 날이면 주로 소주잔을 기울인다. 분위기를 내고 싶은 날에는 와인을 마신다. 그리고 신나게 흥겨움을 즐기는 날이면 주로 맥주를 찾는다. 또한 맥주는 왠지 젊음을 닮아 있다. 나는 '카스' 브랜드의 모든 전략을 인생의 '젊음'에 조준했으며, '역동'이라는 단어로 정리했다.

하지만 그것만으로는 뭔가 부족하다는 생각이 들었다. 좀 더 센세이셔널한 방법으로 카스의 역동적인 이미지를 어필할 수는 없을까? 나는 단순한 홍보가 아닌 장기적으로 브랜드를 키우기 위해

스포츠 마케팅을 해보고 싶었다. 자연히 대한민국 최고 인기 스포츠인 프로야구를 떠올렸다. 사실 (다른 스포츠도 그렇겠지만) 프로야구와 맥주는 떼려야 뗄 수 없는 관계 아닌가. 야구장에서 팝콘을 먹는 정도까지는 아닐지 몰라도, 야구장에서 마시는 맥주는 거의 기본 옵션에 가깝다. 과거 1990년대 야구를 즐겼던 분들이라면 한 번쯤 소주나 맥주를 가방에 숨겨서 입장한 기억이 있을 것이다. 2003년부터 맥주 반입이 허용되면서 야구장에서 시원한 맥주를 찾는 관중은 점점 늘어나고 있다. 과음 때문에 판매가 제한되긴 하지만.

게다가 다이아몬드가 그려진 그라운드 안에서 공과 배트를 들고 경기를 펼치는 선수들은 그야말로 역동, 그 자체다. 야구를 좋아하지 않는 사람도 관중석에 앉아 열렬히 응원하다 보면, 뜨거운 젊음의 열기로 후끈 달아오른다. 말 그대로 역동의 현장이다. 하지만 프로야구 마케팅을 하고 싶은 기업이 어디 한둘이겠는가. 더욱이 우리 같은 후발주자는 어쩔 수 없이 '맨땅에 헤딩'할 수밖에 없었다.

2010년 늦가을, 지인의 도움으로 마포의 허름한 삼계탕 집에서 허구연 해설위원을 만났다. 과거의 홈런왕 출신답게 다부지고 건강한 풍채의 그는 사람을 압도하는 매력의 소유자였다. 그가 풀어내는 야구 철학을 듣고 있노라면 나도 모르게 야구에 빠져드는 느낌이 들었다. 가장 말을 잘하는 사람은 논리와 지식으로 무장한 자가 아니라 열정이 넘치는 사람이라더니, 허구연 해설위원이 바로 그런 이였다. 나는 이내 그에게 속내를 털어놓으며 조언을 구했다. 카스 브랜드로 프로야구 마케팅을 하고 싶다는 뜻을 전하자, 허 위원은 여러 기업의 사례를 들면서 많은 조언을 해주었다. 지금은 엔씨소프트의 몫이 되어버린 제9구단 참여를 비롯해, 사회인 야구리그 지원, 유소년 야구 지원 등 타 회사와 다르게 접근할 수 있는 여러 아이디어를 제안했다. 그러나 왠지 내가 찾고 있던 답은 아닌 듯했다. 야구단을 직접 운영하는 것은 파급력은 클지 몰라도 매년 막대한 비용의 투자와 운영적자를 감수해야 하고, 나머지 것들도 이미 많은 기업과 브랜드에서 시행 중인 터라 차별성이 적어 보였다. 그래서 KBO(한국야구위원회)가 주관하고 있는 스폰서십 패키지와 8개 구단 7개 구장에서 운영하고 있는 프로모션 패키지와 협찬 프로그램을 샅샅이 살펴보았다. 결과는 실망뿐이었다. 웬만한 투자금액으로는 프로야구 마케팅에 참여하고 있는 수많은 경쟁 브랜드를 제치고 두각을 나타낼 수 없을 것 같았다. 그렇다고 야구장 전광판 몇 곳에 광고 걸어놓고 스포츠 마케팅 한다고 말하고 싶진 않았다. 아무리 후발주자라고는 해도 이렇게 진입 장벽이 높으리라곤 생각지 못했다.

기록 너머에 숨은 것들　　—

허구연 해설위원과 헤어진 이후 나는 한참을 고민했다. 성과가 없는 것은 아니었다. 어쩌면 대단히 큰 성과였다. 야구에 대한 남다른 애정과 철학을 가진 그처럼, 나 역시 나만의 인사이트를 발휘해 야구에 접근하고픈 욕심이 생겼다. 후발주자로 프로야구라는 판에 진입하려면, 남들과 달라야 한다는 의지도 강해졌다. 모든 야구자료를 검토하고 혼자 배트를 휘두르며 진지한 고민의 시간으로 진입했다. 전광판에 어떤 광고 메시지를 걸어야 할지, 유니폼에 카스 브랜드를 달면 어떨지 등을 떠올려보았지만, 모든 생각들이 벽에 부딪혔다. 다르지 않았기 때문이다. 도저히 차별성을 느낄 수 없었다. 아마 이 책을 읽는 독자들도 이런 막막한 기분을 몇 번씩 느껴보았을 것이다. 기껏 새로운 아이디어를 꺼냈지만 잠시 후가 되면, 혹은 내일이 되면 '원 오브 뎀'이 되어버리는 뼈아픈 심정을.

　나는 수일을 고민한 끝에 결심을 굳혔다. 장벽 안에 들어가서 기를 못 펼 바에는 차라리 장벽 밖에서 따로 기회를 만들어보자는 생각이었다. 게임 체인저Game Changer까지는 아니더라도, 프로야구의 또 다른 즐거움을 만들 수 있지 않을까? 야구팬들이 자발적으로 찾아서 즐길 수 있는 프로그램을 만들면 어떨까? 그런 배경에서 탄생

나는 다른 것을 본다

한 것이 바로 '카스포인트^{Casspoint}'다. 취미로 골프를 즐기는 내게 미국 PGA 중계 때마다 방송되는 'FedEx Cup 랭킹'은, 경기 외에 시즌 내내 프로골프를 즐기는 또 다른 재미였다. 내 꿈은 하나 더 있었다. 이러한 랭킹 시스템을 투수와 타자 부분에 적용해 매 경기마다 선수를 평가하고, 연간 최고의 선수를 선정해 시상하자는 것. 카스 브랜드의 마케팅을 위해 시작한 일이니 당연히 선수 평가 시스템의 이름은 '카스포인트'로 정했다.

이러한 평가 시스템을 떠올린 배경에는 재미뿐 아니라, 선수들의 열정과 투혼을 보여주고 싶은 마음이 있었다. 나는 야구를 보면서 일부 스타 플레이어만이 주목받는 현실이 늘 안타까웠다. 홈런은 많이 치지만 삼진도 많이 당하는 선수가 끈질긴 승부 끝에 볼넷으로 걸어 나가는 선수보다 반드시 뛰어나다고 할 수 있을까? 위기의 순간에 한 이닝을 막아내는 투수도 매 시즌 10승을 올리는 선발투수만큼이나 위대한 선수가 아닐까. 우리가 양준혁 선수에게 열광한 이유는 야구를 잘해서이기도 했지만, 땅볼을 치고도 1루까지 전력 질주하는 치열함 때문이었다. 하지만 지금까지 대부분의 프로야구 기록은 주로 승자 위주였다. 선발투수와 홈런타자, 타격왕 중심의 기록에 불과했다. 나는 더 많은 선수들의 치열한 열정과 노력을 최대한 기록으로 남기고 싶었다.

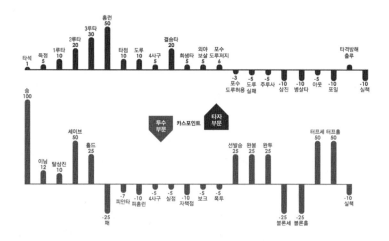

투수 부문과 타자 부문의 카스포인트. 동점 및 역전의 상황에서 거둔 '터프세이브'에 높은 점수를 주는 것이 눈에 띈다. 카스포인트는 그동안 상대적으로 덜 주목받던 선수의 공로를 수치화함으로써, 야구팬과 구단, 선수를 모두 만족시키며 브랜드 선호도 상승에 큰 역할을 했다.

모두가 만족하는
전략을 찾다 ─

'카스포인트'는 그들만의 잔치가 아니라, 모든 선수와 야구를 즐기는 수많은 사람들, 그리고 카스라는 브랜드까지 만족시키려는 의도에서 출발한 것이다. 카스포인트는 1루타 10점, 홈런 50점, 도루 10점 등 눈에 보이지 않는 영역까지 점수화해서 모든 타자들을 랭킹 시스템으로 평가한다. 1승 100점, 세이브 50점, 홀드 25점 등 투수들의 숨은 공로까지 점수를 매겨 승리 너머의 흔적까지 기록하고 있다. 이는 매 경기 평가에 그치지 않고 한 시즌 동안 투혼을 발휘했던 선수들에게 박수를 보내는 시상식으로까지 이어졌다. 다행히 MBC Sports가 주관하고, KBO가 후원을 맡았으며, 조직위원장을 맡은 허구연 해설위원을 비롯해 김인식, 김재박, 양상문, 유남호 위원 등 야구계 원로들이 발 벗고 동참해준 덕분에 지금껏 순탄하게 이어져오고 있다.

'카스포인트'를 통해 의외의 선수가 발굴되기도 했다. 2012년 전 구단에서 큰 인정을 받지 못했던 롯데 자이언츠의 김성배 선수는 단 2승에 불과하지만 세이브와 홀드 등 궂은 상황에서도 충실하게

—

카스포인트는 프로야구팬뿐 아니라, 야구 초심자를 비롯한 젊은 층과 여성들에게 크게 어필하고 있다. 카스포인트의 인지도는 2012년 말 49.7%(전체 총 9,776명 중 4,859명)이며, 야구 관심그룹 전체 응답자 중에는 무려 62%(야구 관심그룹 6,344명 중 3,933명)가 카스포인트를 알고 있다고 응답했다.

공을 던졌기에 300여 명이 넘는 투수 전체에서 5위에 올랐다. 다른 기록지라면 큰 인정을 받지 못할 수도 있었다. 최근에는 카스포인트가 연봉산정의 참고자료로도 쓰인다고 한다.

기업 측면에서도 엄청난 효과를 보았다. 카스포인트 시행 이후 여론조사 업체 입소스 코리아Ipsos Korea의 조사 결과, 브랜드의 소비자 선호도는 37%에서 50%로 크게 상승했다. 2012년 조사에서는 야구 관심그룹 중 65%가 카스포인트가 '카스' 브랜드 이미지에 좋은 영향을 미치고 있다고 응답했다. 매 시즌 카스포인트와 더불어 대중매체에서 카스 브랜드가 언급되는 횟수는 상상을 초월할 정도이며 향후 전망도 매우 밝다. 매년 KBO에서 발행하는 달력에 자체 행사인 골든글로브와 함께 카스포인트 행사일이 실릴 정도니, 이제 프로야구 최대의 볼거리로 확실하게 자리 잡았다고 감히 단언할 수 있겠다.

야구장에서 카스 생맥주를 팔게 된 것도 또 하나의 수확이다(카스포인트를 시작하기 전에는 모든 구장에서 하이트만 독점 판매, 프로모션을 하고 있었다). 그러던 것이 카스포인트를 시작하면서부터는 2016년 기준으로 총 10개 구단이 사용하는 9개 구장 가운데 잠실을 포함한 4개의 알짜 구장에서 카스를 판매하고 있다. 야구장에서 한 시즌에 판매되는 맥주의 총량은 약 12만 상자(한 상자는 500ml 20병)라는 게 맥주업계의 추산이다. 전체 국내 연간 맥주 판매량의 1% 미만이지만, 맥주업계는 '야구장 맥주 1위'라는 타이틀을 차지하기 위해 총력을 다하고 있다. 야구팬과 맥주의 주요 소비층이 거의 일치하고, 야구의 역동적인 이미지와 남성적인 맥주의 속성이 유사하기 때문이다. 카스포인트의 출범과 선전이야말로 맥주시장을 탈환하는 데 혁혁한 공을 세웠다고 볼 수 있다.

우리는 대중과 소비자들이 무엇을 원하는지 끊임없이 찾아야 하는 탐험가다. 내가 맥주에서 발견한 것은 역동이었다. 그리고 역동을 상징하는 야구에서 찾아낸 것은 모든 선수들의 보이지 않는 열정과 투혼이었다. 그 카테고리를 나는 맥주와 연결해보았다. '카스포인트'를 통해 야구라는 스포츠를 더 많은 팬들과 나누고 싶었고, 더 많은 선수들의 투혼에 박수가 보내지길 바랐다. 그것은 늦은 밤까지 사무실에서 매번 새로운 아이디어를 찾는 (나를 비롯한) 모든 이들에게 보내는 박수이기도 했다. 모든 사람의 인생을 들여다본 전략은 언제나 통한다. 모든 것은 인간의 심연에서 출발하기 때문이다. 물론 그래서 더욱 어렵다.

세상에서 가장 답하기 힘든 질문을
네 단어로 요약하자면
'당신은 대체 뭘 원하나'이다.

소설가 더글라스 케네디

결국 팔 것은
메시지다

중·고교 시절 나와 많은 친구들의 혼을 쏙 빼놓은 것은 이성이 아니라, 나이키나 아디다스 운동화였다. 지나가다 로고만 봐도 가슴이 설렜고, 로고가 새겨진 운동화나 가방을 신은 날이면 그날 기분은 날아갈 것처럼 최고였다. 그런데 만약, 나이키 운동화나 아디다스 가방에서 기존의 로고를 떼어내고 다른 로고를 붙인다면? 운동화나 가방의 재질과 품질, 형태와 디자인은 그대로인데, 우리 기분은 완전히 반대가 될 것이다. 브랜드는 이런 것이다. 그리고 지금 우리가 살아가는 시대는 단연코 '브랜드 시대'다. 그것도 매우 강력한 위력을 가진.

수년 전 미국에서는 아주 이색적이고 특별한 결혼식이 열려 화제가 됐다. 자, 다음 선서를 보자.

"이제 이 둘은 OO차와 운전자의 관계가 된 것을 선언합니다!"

무려 250명의 스포츠카 팬들이 '마쓰다 미아타'라는 자동차와 결혼식을 올린 것이다. 이처럼 열혈 팬들을 거느린 가장 대표적인 브랜드로 '할리데이비슨'을 꼽을 수 있다. 할리데이비슨은 팬들과의 교류를 통해 자유와 반항이라는 브랜드 이미지를 이어가고 있으며, 결속력과 배타성을 동시에 지닌 커뮤니티를 만들었고, 대규모 마케팅을 시도했음에도 오히려 신비감이 구축되어 지금까지도 사랑받는 '러브마크'(이성적 판단을 뛰어넘을 정도의 충성도를 보유한 브랜드. 사치앤사치의 CEO 케빈 로버츠가 2004년에 주장했다) 브랜드의 선두주자다. 평균가격이 2만 달러가 넘는 고가지만 95%에 달하는 재구매율 덕분에, 46억 달러가 넘는 매출과 시장 점유율 40%를 고수하고 있다.

버프와 스니저를 끌어들여라 —

그렇다면, 어떻게 해야 사랑받는 브랜드가 될 수 있을까. 아니, 그보다 먼저 사랑받는 브랜드를 가늠하는 잣대는 무엇일까. 사람들에게 특정 브랜드 로고가 그려진 티셔츠를 건넸을 때, 과연 흔쾌히 그 티셔츠를 입을 사람이 몇이나 될지 생각해본 적 있는가? 당신의 브랜드는 어떠한가. 맥주집에 가면 무조건 카스를 찾는 팬이라 해도 선뜻 '카스 티셔츠'를 입을 사람은 많지 않을 터. 굳이 답을 말하지 않아도 사랑받는 브랜드의 조건이 무엇인지 실감했을 것이다. 자신의 브랜드에 대해 충성과 헌신을 보이는 열혈 팬들이 얼마나 많은지 생각해볼 일이다.

강력한 브랜드 뒤에는 버프^{Buff}와 스니저^{Sneezers}가 존재한다. 버프는 팬이나 열광자를 일컫는다. 스니저는 브랜드를 바이러스처럼 전파하는 유포자들을 말한다. 이들은 자신이 애착을 보이는 분야에 새로운 정보가 등장하면 동료나 친구, 혹은 추종자들에게 누가 시키지 않아도 알아서 소문을 내준다. 이들의 솔선수범은 불특정 다수에게 퍼부어대는 광고보다도 훨씬 위력적이다. 광고의 위력이 예전 같지 않음은 어제오늘 이야기가 아니다. 마케팅 혁명가 세스 고딘은 자신의 저서 《보랏빛 소가 온다》를 통해 심지어 "광고^{Advertising}는 집어치우고 혁신^{Innovating}을 시작하라!"고 선언하기도 했다. 그는 뉴욕 주 버팔로의 집한 채 값보다 더 많은 돈을 지불해야 하는 〈월 스트리트 저널〉의 광고판에서 벗어나라고 일갈한다. 과거 백 년 동안 이어져 온 전통적인 마케팅 방법은 이제 그 수명이 다했다고 선언한 것이다.

기업은 최근 조금이라도 더 많은 이들을 만족시키겠다는 목표 때

나는 다른 것을 본다

문에 위험한 딜레마에 빠져 있다. 날카롭지 않고 살짝 무딘, 어찌 보면 지루한 제품을 양산하는 곳이 적지 않다. 매운 음식을 덜 맵게 하고, 믿어지지 않을 정도로 뛰어난 서비스 대신 약간 덜 뛰어나게, 약간 더 저렴하게 만들어낸다. 특별해야 할 제품과 서비스가 크게 무리 없는 수준에서 평균 수준으로 기성품화되는 것이다. 이런 환경에서 세스 고딘이 외치는 '보랏빛 소'가 등장하긴 어렵다. 대신 우리가 도움을 청할 수 있는 아군이 바로 버프와 스니저인 것이다.

할리데이비슨의 이야기로 다시 돌아가보자. 할리데이비슨은 자신의 기업사명을 "모터사이클을 타는 특별한 경험을 통해 고객의 꿈을 실현해나간다."라고 밝히고 있다. 그들은 가장 성능이 좋은 모터사이클을 파는 게 아니라, 모터사이클을 타는 즐거움을 파는 것이다. 승자의 자리에 선 수많은 기업들도 마찬가지였다. 맥도날드는 햄버거를 팔기보다 맥도날드만의 매장 경험을 제공해왔고, 피자헛은 피자를 팔기보다 가까운 이들과 나누어 먹는 기쁨을 제공해 왔다. 오비맥주 역시 맥주를 팔기보다 맥주와 함께 문화를 즐길 수 있는 기회와 환경을 만들어줘야 한다. 그래야만 수많은 버프와 스니저와, 아니 대중과 사랑에 빠질 수 있다.

맥주문화전쟁을 시작하다 ―

나는 오비맥주가 시장 점유율 1위에 오르고 나서부터 고민을 시작했다. 맥주를 좋아하는 사람은 많은데, 왜 맥주를 즐기는 문화는 없는지에 대한 고민이었다. 그 결과 시작한 것이 '맥주문화 창출 프로젝트'다. 기원전 4000년 전 메소포타미아 지역에서 처음 만들어진 맥주는 지구촌에서 가장 오래된 술이다. 또한 세계적으로 그 종류가 매우 다양해 기네스북에 등재된 네덜란드의 칼스버그 맥주박물관에 보관된 맥주만 해도 17,000종이 넘는다고 한다. 아무리 엄청난 맥주 마니아라도 죽기 전에 모든 맥주를 맛보고 생을 마감하기는 힘들 것이다.

그런데 막상 세계를 통틀어 음주가무를 즐기는 데 둘째가라면 서러워할 우리나라에는 맥주를 전문적으로 체험할 만한 공간이 부재하다. 음주인구 기준으로 1인당 연간 100병 이상의 맥주를 소비하는데도 말이다. 전국적으로 커피 바리스타를 양성하는 학원은 수백 곳이 넘게 성업 중인데, 와인 소믈리에 학원도 많은데, 맥주만 왜 전국적으로 제대로 된 맥주 아카데미 하나 찾아보기 힘든 것일까. 아마도 맥주를 팔아서 먹고사는 나 같은 사람들의 책임이 클 것이다. 반성한다.

나는 다른 것을 본다

오비맥주 본사의 맨 꼭대기에 위치한 맥주문화체험장소. 대학로에 있는 맥주문화체험관 외에 맥주를 즐길 수 있는 장소를 사내에 만들었다.

그래서 2013년 5월, 서울 대학로에 아담한 장소를 구해 맥주문화 체험관을 열었다. 마침 비어할레라는 독일맥주 전문점이 영업 중인 공간의 3층이 비어 있었고, 과거 1980년대 말 대한민국 최초로 오비맥주가 호프집을 시작한 곳이라 유서 깊은 장소였다. 우리는 이곳에서 맥주산업 관계자, 소규모 맥주 제조사 관계자, 기자, 방송인, 공무원, 학생, 일반인 등을 대상으로 맥주와 관련한 정보와 문화를 제공한다. 맥주의 역사, 문화, 종류, 재료, 제조방법, 음주방법 등과 더불어, 다양한 맥주를 더 맛있게 마시는 법을 알려준다. 직접 재료도 만져보고 비교 시음도 할 수 있다. 단 절대 오비맥주 제품은 홍보하지 않는다. 객관적인 정보만을 제공해 참가자들이 편견 없이 맥주를 즐길 수 있도록 하기 위해서다.

결과적으로, 한 회에 25명 이내로 진행되는 강의인데도 매우 뜨거운 호응을 얻었다. 2013년 하반기까지 약 6개월간 무려 3,500명이 강의를 들었을 정도다. 고맙게도 〈MBC 뉴스투데이〉의 류도현 총괄 PD는 수강 후 직접 편지까지 보내줘서 우리를 매우 행복하게 만들었다. 강의를 듣기 전에는 맥주를 단지 하루의 피로와 스트레스를 날리는 위안 정도로 인식하고 있었으나, 접하기 어려운 맥주의 역사와 상식을 알게 된 후에는 일종의 경이로운 문화로 받아들이게 됐다는 얘기도 들었다. 어떤 후기에서는 유홍준 교수가 집필

한 《나의 문화유산답사기》에 나오는 "알면 보이고 보이면 사랑하게 되나니 그때 보이는 것은 이미 예전 같지 않으리라."라는 구절을 인용하면서 맥주문화체험관의 가치를 높게 사기도 했다.

내가 맥주문화체험관을 제안한 것은 전 국민을 애주가로 만들겠다는 의도도, 우리의 제품을 대놓고 홍보하고 싶어서도 아니었다. 세계적인 과학자 리처드 도킨스가 문화도 생물처럼 유전된다며 문화적 유전자 '밈'을 주창한 것처럼, 나 역시 문화번식의 중요성을 뼈저리게 실감했기 때문이다.

잠시 커피에 대한 이야기를 해보자. 대한민국에서 가장 높은 성장률로 시장을 구축한 산업군이 바로 커피일 것이다. 커피 전문점은 말할 것도 없고, 캡슐 커피부터 인스턴트 커피시장까지 그야말로 활황이다. 매년 기하급수적으로 늘어나는 커피 전문점들을 보고 있노라면, 우리 국민 모두가 매일 커피만 먹고 사는 것 같다. 간혹 밥값보다 더 많은 돈을 내고 커피를 즐기는 풍경이 이제 그리 낯설지 않다. 그렇다면 이 책을 읽는 당신은 어떤 기준으로 커피 전문점을 택하는가. 단지 커피 맛으로만 선택하는가, 혹은 매장의 분위기를 따지는가. 아니면 브랜드 유명도를 따지겠는가. 뭐가 됐든 커피 맛으로만 택하지는 않을 것이다. 커피 역시 일부 브랜드의 독특한 맛을 제외하면 대부분 브랜드를 보지 않고 맛을 식별하긴 어렵다. 맥주보다야 쉽겠지만. 브랜드가 주는 느낌, 매장 분위기, 손님층의 구성 등 다양한 요소들이 커피 맛에 대한 자신의 느낌과 더불어, 커피 전문점 선택의 기준으로 작용한다. 내가 잘 아는 작가는 스타벅스를 자주 간다고 했다. 커피 맛도 맛이지만 스타벅스 고유의 분위기가 좋아서 간다는 것이다. 대신 동네 사람들끼리 모여서 이야기를 나누는, 친근한(?) 분위기의 커피 전문점은 굳이 가고 싶지 않다고 했다. 물론 사람에 따라 다르겠지만, 정반대의 이유로 스타벅스에 가지 않는 사람도 있겠지만, 결국 커피 전문점을 택하는 결정적인 이유가 커피 맛은 아닌 셈이다.

맥주 역시 비록 브랜드 별로 맛을 정확히 식별할 수는 없겠지만, 브랜드 명, 패키지, 광고 메시지, 맥주의 속성 등이 한데 어우러져 먹고 싶은 맥주를 고르는 기준이 된다. 음료로서의 맥주가 아닌 브랜드에 녹아 있는 문화를 팔고 있기에, 맥주전쟁은 문화전쟁이라 믿는다. 시작은 미약하지만 맥주체험관 같은 다양한 시도를 하나하나 쌓아간다면, 우리에게도 더 많은 버프와 스니저가 생겨날 거라 믿는다. 이러한 시도는 맥주를 사랑하는 이들을 위한 사랑의 표현이자, 맥주시장의 파이(생태계)를 키워가고 싶은 욕심이다.

나는 다른 것을 본다

맥주가 아닌 젊음을 팔다 ─

앞에서 언급했다시피 카스는 '젊음'을 상징하는 브랜드다. 젊은 이미지에 걸맞게 끊임없이 대중과의 다양한 접점을 만들어 가려고 노력한다. 그 일환으로 2012년에는 홍대 클럽 M2와 제휴를 맺고 연말 무렵 '카스 톡 파티'를 개최했다. 청춘이라면 누구나 무료로 입장할 수 있음은 물론, 커플 매칭에 성공한 다섯 팀에게 아이패드를 선물로 제공해 사람들의 열띤 참여를 이끌어냈다. 또한 대학축제 프로모션도 대표적인 이벤트다. 2013년에는 5월 한 달 동안 고려대, 연세대, 홍익대 등 9개 주요 대학을 돌며 환경 캠페인을 골자로 한 카스 톡 페스티벌을 개최했고, 숨은 엔터테이너를 선발하는 카스 갓 탤런트, 가수들이 출연하는 카스 톡 콘서트 등을 후원하기도 했다. 카스는 젊은 타깃에 어울리는 맥주지만 시장 점유율이 50%를 넘어서면서부터는 자칫 노쇠한 이미지를 줄 수 있기에, 그러한 느낌을 방지하기 위해 애를 쓰고 있다. '카스 톡 파티' 개최 당시에는 홍대만 해도 기존의 디자인과 다른 포스터를 만들어 붙였는데, 전국에 카스를 전파하기 전에 젊은이들이 가장 많이 모이는 핫한 장소인 홍대를 일종의 '테스트마켓'으로 삼는 셈이다. 그 밖에 스노보드, 서핑, 요트대회, 서울패션위크 후원 등을 통해 카스를 유

할로윈데이에 맞춘 카스 톡 파티 포스터.

2014 춘계 '서울패션위크^{2014 F/W Seoul Fashion Week}' 공식 맥주인 카스라이트. 깔끔한 맛으로 평소 몸매 관리에 신경 쓰는 패션 리더들의 사랑을 받는 카스라이트는, 4년째 서울패션위크 후원을 통해 젊고 트렌디한 이미지로 패션에 관심이 많은 젊은층에게 지속적으로 다가가고 있다.

행을 주도하는 맥주로 만들기 위해 애썼다. 또한 2015년부터는 '카스 블루 플레이그라운드'라는 뮤직 페스티벌을 개최하고 있다. 젊은이들이 열광하는 국내 최정상 힙합 뮤지션은 물론, 유명 DJ들을 섭외해 공연과 LED 조명 쇼 등 다양한 볼거리를 제공하고 있다. 이러한 활동은 모두 맥주에 담긴 메시지를 팔려는 시도이자, 문화를 만들어가려는 노력이다. 제품과 함께 문화를 팔아야 더 많은 사람들과 사랑에 빠질 수 있다. 더 많은 이들의 마음을 사로잡을 수 있어야만 영원히 사랑받는 브랜드가 된다.

마음을 사로잡은 브랜드는
고객이 행동하게 한다.
영혼을 사로잡은 브랜드는
고객의 헌신을 가져온다.

데이비드 아커

3
익숙한 길의
유혹에
빠지지 말라

1이 아닌
0에서 시작하라

　　　　　　　　　　　길을 걷다 무언가를 사기 위해
어떤 매장에 들어선 순간을 떠올려보라. 대다수의 매장에서, 아니
거의 모든 매장에서 (종류는 다르지만) 음악이 흘러나오고 있을 것이
다. 대개 귀에 낯익은 음악들이다. 매장에서 틀어놓은 음악을 듣다
보면 간혹 마케팅과 비슷하다는 생각이 든다. 물론 '의미 없는' 마케
팅에 한해서다. 너도나도 하고 있으니 해야 하는 건 맞는데, 뒤집
어 생각해보면 나만 하는 것은 아니고. 없으면 아쉽긴 하지만, 있
다고 해서 딱히 뭐가 다른지 모르겠고. 결정적으로(!) 매장에 딱 어
울리는 노래를 트는 게 아니라, 지금 유행하는 최신곡을 트는 곳이

대부분이다. 남들이 하니까, 이제껏 해왔으니까 해야 한다는 태도는 '의미 있는 다름'을 방해하는 가장 큰 장애물이다.

나는 어떤 아이디어든 직접 해봐야 한다고 생각하는 편이지만, 마케팅 계획서만 봐도 눈앞의 결과가 빤히 보일 때가 있다. 공교롭게도 좋지 않은 결말일수록 쉽게 예상이 된다. 대개 기존의 전략을 답습하는 내용들로 채워진 경우다. 포인트 적립, 원 플러스 원, 경품 증정, 할인행사, 배너광고 등등. 이러한 것들이 나쁘다는 것이 아니다. 하지만 남들이 다 하는 것, 누구나 다 하는 것을 전략이라 부를 수 있을까? 가령 포인트 적립만 해도 마케팅 수단이라 하기엔 진부하기 짝이 없다. 동네 커피숍에서 커피 한잔을 마셔도 도장을 찍어주는 시대다. 몇몇 금융회사나 유통회사에서 비교적 훌륭한 포인트 제도를 시행하고 있지만, 무작정 따라 하기에는 예산이라는 장벽이 가로막는다.

원 플러스 원이나 경품 증정, 할인행사 등도 지나치게 고전적(?)이다. 그뿐인가. 자칫했다가는 오히려 브랜드 가치마저 하락하는 결과로 이어지기 쉽다. 오랜 기간 고생해서 내놓은 신제품을 출시하자마자 할인하거나, 다른 제품을 끼워서 팔거나, 눈요기 식의 경품을 붙여주는 것은, 우리 제품의 가치가 이것밖에 안 된다고 소리쳐 광고하는 것과 다를 게 없다. 신제품일수록 오롯이 그 제품의

206

가치만을 평가받을 수 있어야 한다. 그래야 대중의 반응도 읽고 궤도를 수정할 기회도 얻을 수 있다.

이제는 없으면 허전하기까지 한 인터넷 배너와 SNS 마케팅 역시 크게 다르지 않다. 화면 여기저기서 번쩍이는 배너를 유심히 들여다보는 사람들이 과연 몇이나 될까. 오히려 갑자기 예고 없이 툭 튀어나오는 배너 때문에 짜증스러울 때가 더 많지 않을까? 원하는 정보를 찾아서 읽기도 바쁜데 군이 불필요한 정보까지 찾아서 읽을 이유가 있는지를 생각해볼 일이다. 배너 자체에도 콘텐츠가 담긴다면 이야기는 달라진다. 자체적 콘텐츠 없이 제품 홍보만 담은 배너나 온라인 마케팅은 지양하는 게 바람직하다. 더욱이 SNS 마케팅은 앞에서 언급한 것처럼, 인지도는 높여줄 수 있을지 몰라도 선호도까지 끌어올리지는 못한다. 소비자는 날이 갈수록 똑똑해지고 까다로워지고 있다. 아무리 잘 포장해도 무엇이 억지로 만들어낸 것인지 금세 알아차릴뿐더러, 자기들만의 순수한 소통 수단에 홍보성 메시지가 끼어들었다는 이유로 불만을 표하기도 한다. 자칫했다가는 부정적 인지도만 굳어지기 쉽다.

그럼에도 우리는 자꾸만 과거를 답습한다. 어째서일까. 데이비드 O. 러셀 감독의 영화 〈아메리칸 허슬〉은 사람들이 사기를 당하는 이유를 한마디로 표현한다. 다음의 명대사다.

"사람은 믿고 싶은 걸 믿는 법이다."

결국 타인이 아닌 자기가 만든 환상에서 벗어나지 못하기 때문에 사기를 당한다는 것이다. 우리도 종종 자기가 만든 룰에 속곤 한다. "이 정도 마케팅은 기본 아니야?", "그래도 그만한 건 없어." 등의 명분이 빚어낸 고루한 환상이다. 이러한 환상을 깨지 못한다면 과거를 답습하게 되고, 과거의 답습은 정체로 이어진다. 물론 뭐가 됐든 하지 않는 것보다야 나을 수도 있을 것이다. 하지만 냉정하게 계산기를 두드려보자. 눈앞에 놓인 기획안의 예산을 내가 지불해야 한다면? 선뜻 추진할 수 있을까?

경제가 호황일 때 기업들은 서로 경쟁이라도 하듯 '마케팅'이라는 폭탄을 투하했다. 하지만 지금은 상황이 달라졌다. 세계 경기가 불황, 혹은 침체로 돌아선 지는 오래전 일이다. 게다가 사람들이 물건을 고르는 속도는 신중해지는 반면, 싫증을 내는 속도는 빨라지고 있다. 더 이상 대중은 전형적인 멜로디와 리듬을 띤 비슷비슷한 음악에 쉽게 귀를 기울이지 않는다. 특별한 아이디어 없이도 사람들을 쉽게 사로잡았던 과거에 연연해서는 안 된다. 더 이상 남들과 비슷한 전략으로는 살아남을 수 없다면, '의미 있는 다름'을 만들어내겠다는 절실함을 갖춰야 한다. 그러려면 먼저 익숙해진 옷부터 벗어던져야 한다.

말처럼 쉽지는 않을 것이다. 사실 새로운 제품을 내놓고 파는 일은 '러브레터'나 마찬가지다. 쉽게 대중의 답장을 받을 수 없기 때문이다. 게다가 여기저기에 시장의 변수라는 지뢰가 존재한다. 그럼에도 항상 새로움을 찾아 돌진해야 하는 것이 우리의 숙명이다. 이때 모든 것은 1이 아닌 0에서부터 시작된다는 사실을 기억하자. 기존 데이터를 잊고 제로베이스로 돌아가서 아무 일도 없었다는 듯 출발점에 서야 할 것이다.

이번 챕터에서는 익숙함과의 연결 고리를 끊고, '의미 있는 다름'을 만들기 위해 어떠한 태도를 갖춰야 할지에 대해 이야기하려 한다. 개인의 태도야말로 실력을 키울 수 있는 가장 빠른 길이다. 태도가 바르면 능력도 향상된다. 아이러니하게도 한 발짝 물러서서 0으로 돌아가는 순간, 대중은 한 발짝 가까워진다.

첫째도, 둘째도,
현장이 답이다

개인적으로 이분법적 사고나 흑백논리를 지양하는 편이지만, 가끔 우리가 사는 세상이 딱 둘로 나뉜다는 생각이 들 때가 있다. 바로 이론과 현실이라는 세계다. 사실 그렇다! 책상에 앉아서 생각했을 때는 대단한 아이디어 같은데, 막상 현장에 나가면 '이게 아닌데' 싶었던 적이 있을 것이다. 어째서일까. 이유는 아주 간단하다. 바로 현장과의 스킨십이 부족하기 때문이다. 문제는 언제나 현장에 있다. 바로 그곳에 소비자들의 욕망이 존재하기 때문이다. 더구나 욕망은 눈이나 귀와 같은 오감으로 감지되지 않는다. 오감 이상의 능력, 보고 들은 내용을 기반으로 소비자들의 욕망을 잡아내는 능력이 필요하다.

고시원생 사고를 버려라 　　—

앞에서도 언급했지만, 한 영국인 기자가 한국의 맥주 맛이 밍밍하다며 혹평한 적이 있다. 하지만 이는 한국의 주류문화를 제대로 이해하지 못한 데서 나온 분석이다. 영국에서는 보통 맥주를 마실 때 아주 간단한 스낵 정도의 안주와 먹기 때문에, 당연히 맥주 본연의 향과 맛이 진한 맥주를 선호할 수밖에 없다. 실제, 영국이나 아일랜드에는 식사 대용으로 진한 에일 맥주를 마시는 풍습이 있다. 반면 한국은 매운 낙지볶음이나 삼겹살 같은 자극적인 안주와 곁들여 맥주를 마신다. 음식이 아닌 음료로 마시기 때문에 당연히 영국식 맥주보다 덜 진한 맥주를 선호한다. 더욱이 많은 한국 사람들은 맥주를 다른 술과 섞어 마시기도 하고, 차가운 맥주를 선호한다. 차가운 맥주는 자연히 싱겁게 느껴진다(해외 맥주는 우리와 달리 미지근하다). 즉 한국만의 식문화에 따라 맥주 맛이 달라진 것이다. 문화가 지역에 동화되어 새롭게 융합된 결과를 만드는 것은 흔한 일이다. 외국 맥주와 한국 맥주의 맛이 다른 것은 비판의 대상으로 삼을 게 아니라, 문화적 차이의 결과로 보는 시선이 바람직하다. 이 영국 기자는 한국의 식문화라는 '현장'을 제대로 이해하지 못한 채, 자신의 상식 안에서만 문제제기를 함으로써 오해를 불러일으킨 것이다. 현장을 모르면 자신의 편견과 선입견만 갖고 이야기하기 쉽다. 현장을 감안하지 않은 지적들은 공허한 훈수에 가까울 때가 많다. 창의적인 조직을 꿈꾼다면, 가급적 훈수 두는 일을 최소화해야 한다(현장을 알지 못한 채 던지는 훈수일 경우에 그렇다는 얘기다).

1990년대 삼성을 비롯한 수많은 대기업들이 영화사업에 관심을 보인 적이 있다. 당시만 해도 한국 영화로 돈을 벌 확률이 높지 않은 시대였다. 물론 한국 영화가 지금처럼 득세하지 않았기에 오히려 '블루오션'으로 간주할 수 있었다. 하지만 야심차게 뛰어든 대부분의 기업이 결국 백기를 들고 빠져나갔다. 이유는 간단하다. 한국의 영화판과 영화시장에 무지했기 때문이다. 신사업을 위해 다른 사업체에서 파견된 구성원들이 한국 영화의 문제점과 발전 방향을 이해하고 모색하기란 당연히 쉽지 않았을 것이다. 단순히 투자를 했으니 수익을 거둬야 한다는 생각이 최우선이었다. 그에 반해 마지막으로 참여한 CJ는 지금까지도 승승장구하고 있다. 영화판의 인력을 중심으로 구성원을 꾸리고 문제를 찾고 대안을 모색했기 때문이다. CJ는 가장 먼저 한국 영화의 콘텐츠가 다양하지 않다는 점에 주목했다. 결국 흥행성을 담보하기 위해 미국의 드림웍스와 제휴를 맺고 상업적인 콘텐츠를 수급하기로 결정했다. 그러고 나니 사람이 부족했다. 영화를 만들 사람이 없었던 것이다. 당시 내게 주어진 업무였다. 나는 미국과 유럽 등지에서 소위 싹수가(?) 보이는 인재를 발굴해 한국 영화판에 데뷔시켰다. 그러는 과정에서 또 다른 문제점을 발견했다. 영화와 관련된 일을 하려는 사람들의 대부분이 주로 감독 지망생이라는 사실이었다. 영화는 종합예술이다. 감독 혼자서 할 수 있는 일이 아니다. 감독만큼 중요한 직책이 프로듀서인데, 안타깝게도 프로듀서를 지망하는 이들은 턱없이 적었다. 그래서 나는 재능 있는 몇몇의 감독 지망생들을 설득해 프로듀서라는 새로운 길로 이끌었다. 콘텐츠 다음으로는 플랫폼이 부족하다는 문제점이 발견됐다. 그래서 극장과 케이블 TV 사업이 시작된 것이다. 강변 CGV는 그러한 의도에서 시작된 우리나라 최초의 멀티플렉스 극장이다. 지금이야 여러 편의 영화를 동시에 상영하는 것이 너무도 당연한 일이 되었지만, 그때만 해도 보고 싶은 영화를 보려면 다음 상영시간까지 기다려야만 했다.

현장이야말로 가장 창의적인 공장이라 할 수 있다. 문제를 발견하고 싶다면 맨몸으로 직접 현장에 뛰어들어야 한다. 자신이 알고 있던 상식과 대조하며 신중하고 냉철하게 현실을 바라보자. 다시한 번 말하지만, 뒷짐만 지고 훈수를 두는 것은 문제 해결이나 발전에 전혀 도움이 되지 않는다.

현장에서 문제를 발견했다면, 모두를 충족하는 대안을 내놓을 수 있어야 한다. 보통 새로운 아이디어가 실패하는 데는 두 가지 이유가 있다. 첫째, 소비자의 내재된 심리나 제품에 대한 진솔한 의견을 제대로 파악하지 못했기 때문이다. 다음으로는 소비자 중심이 아닌 기업 중심의 발상으로만 채워진 경우다. 카카오 이사회의 김범수 의장 역시 베테랑 개발자일수록 소비자가 원하는 것보다 평소 자신이 만들고 싶었던 것을 구현하려는 욕구에 빠지기 쉽다고 말한 바 있다. 나는 소비자가 아닌 기업과 개발자 중심의 아이디어를 '고시원생 사고'라고 부른다. 결코 고시생을 비하하는 의미가 아니라, 시험 합격만을 위해 사회와 단절된 곳에서 공부하는 고시생들의 상황에 빗댄 말이다. 간혹 상사에게 OK를 받기 위해 아이디어를 내는 친구들이 있다. 하지만 우리의 아이디어는 내부 시험에 붙기 위한 것이 아니다. 현장과 고객을 고려하지 않은 아이디어는 죽은 것이나 마찬가지다.

본질을 망각하지 마라　　　—

현장을 고려하지 않은 부작용들은 하루에도 몇 번씩 여기저기서 일어난다. 현실 속 소비자와 브랜드의 접점이 되는 광고는 가장 난이도가 높은 작업 중 하나다. 카스라이트 광고를 만들 때였다. 카스라이트는 기존 맥주보다 칼로리가 33% 낮은 것이 핵심이다. 광고 콘티를 점검하던 중, 가장 우리를 유쾌하게(?) 만든 아이디어가 나온 적이 있다. 내용은 다음과 같다. '칼과 로리는 열렬히 사랑하는 사이였어요. 둘은 매일같이 만나서 사랑을 불태웠죠. 그러자 신이 노하셔서 일 년에 33번은 만나지 못하게 했답니다. (중략) 칼로리가 33% 줄어든 맥주!'

당연히 이 광고는 우리를 웃게 만든 선에서 끝났다. 광고는 보면서 웃고 즐기라고 만드는 게 아니다. 선호도를 높여서 구매를 유도하는 것이 광고의 가장 큰 목적이다(적어도 인지도라도 높여야 한다). 그런데 우리는 종종 제품과 서비스가 사라져버린 광고를 보게 된다. 세련되고 멋지게 만들려다가 핵심 메시지는 사라지고 모델만 빛이 나는 광고다. 반면 진짜 좋은 광고는 투박해도 솔직한 광고, 들으면 사고 싶어지는 광고다. "참 좋은데, 정말 좋은데 어떻게 표현할 방법이 없네!"라는 광고 카피를 들어본 적이 있을 것이다. 건강기능식품으로 유명한 천호식품의 이 광고는, 세련되진 않았지만 제품에 초점을 맞췄기 때문에 일단 눈길을 끈다. 카피를 듣고 있으면 묘한 중독성마저 느껴진다.

나는 다른 것을 본다

개인적으로 100편이 넘는 광고를 만들어왔지만, 광고는 언제나 어렵다. 광고는 이른바 선남선녀들의 전유물이다. 전부는 아니지만 대체로 섹시하고 매력적인 남녀가 화면을 채운다. 하지만 때로는 그 섹시함이 독이 된다. 맥주 광고를 찍을 때였다. 분명 모델은 나쁘지 않은데 전혀 분위기가 살지 않았다. 자세히 보니 모델들 자체가 맥주에 전혀 관심이 없어 보였다. 조금 심하게 말하면 자기가 멋있게 나오는 데만 관심이 있는 것 같았다. 라면 광고가 얼마나 라면을 맛있게 먹는가에서 판가름나듯, 적어도 맥주 광고에 출연한 모델이라면 맥주를 마시고 싶어서 안달 난 사람처럼 보여야 했다. 나는 카메라를 보고 멋있는 표정을 짓는 대신 맥주를 바라보며 눈을 빛내달라고 주문했다. 모델은 좀 우스워 보였을지 몰라도, 맥주에 담긴 섹시함은 드러나기 시작했다. 결과는? 대성공이었다. 광고를 찍으면서 엄격하게 따져야 할 것들은 거의 무궁무진하다. 카스의 경우 살짝 까칠하면서도 도전적인 이미지를 가진 남자 모델을 선호한다. 하지만 지나치게 탈선한 이미지나 엄친아 느낌을 주는 모델은 피하는 편이다. 멋진 모델이 주인공으로 등장하는 뮤직비디오를 찍는 게 아니기에, 일단 맥주와 얼마나 잘 어울리느냐가 관건이다. 심지어 맥주를 마실 때 목 넘김이나 목젖의 모양, 목의 굵기까지도 체크한다. 소비자가 봤을 때 식감이 떨어져 보이면 안 되기 때문이다.

아무리 사소한 것이라 해도, 현장과의 스킨십이 부족하면 애초의 목적을 잃은 결과물이 나올 수밖에 없다. 현장을 알지 못하니 그저 머리만 쥐어짜고, 이리저리 헤매다 최초의 목적이 사라진 아이디어로 채워진다. 결국 현장에서 벗어난 아이디어는 고객과의 사이에 벽마저 쌓아버린다.

브랜드 이노베이터 VS 브랜드 폴리스 ―

하루에도 몇 번씩 창의적인 아이디어 제안을 평가하고 결정해야 하는 자리에 서게 된다. 브랜드 로고 디자인부터 상품 디자인, 포스터 디자인, 광고 아이디어, 광고모델 선정, 홍보 기사 리뷰, 소비자 프로모션 기획안, 판촉물 선정, 신제품 개발까지, 어느 것 하나 정해진 매뉴얼에 맞추어 정답을 줄 수 없는 사안이다. 특히 이런 결정은 브랜드 담당자, 신제품 개발자, 영업 담당자, 그리고 외부 대행사 등 다수의 인원이 함께 참여하는데, 회의 마지막 순간에는 모두 나만 빤히 쳐다보면서 결정을 기다린다. SBS의 〈케이팝스타〉라는 오디션 프로그램에서 참가자들의 경연이 끝나면 모두 박진영이나 양현석에게 시청자가 생각지 못한 촌철살인의 심사평을 기대하듯, 다들 숨죽여 나만을 응시한다. 하나의 브랜드가 아닌 20여 개의 브랜드를 동시에 관리하다 보니, 매번 브랜드 특성에 맞게 솔로몬처럼 지혜로운 결정을 내리기가 벅찬 것도 사실이다. 그나마 버드와이저, 코로나, 호가든, 산토리와 같은 글로벌 브랜드는 해외 본사에서 규정한 지침이 어느 정도 있기에 수월한 편이다. 문제는 카스, 오비, 카프리 등 국내 브랜드다. 2009년 오비맥주가 사모펀드에 인수된 후 우리 부서가 글로벌 헤드쿼터가 되면서, 우리가 이들 브랜드를 정의하고 규정하는 입장이 되었다. 재무 부문의 전문가는 많지만 마케팅 전문가는 많지 않은 사모펀드의 특성을 고려해, 브랜드에 관한 모든 결정은 전적으로 내게 주어졌다. 결국 나와 우리 팀이 내린 결정 하나하나가 바로 오비맥주 브랜드들의 색깔과 성패를 좌우하는, 어깨가 무거운 상황이 된 것이다. 그러한 상황에서 내가 세운 원칙은 하나다. 마음껏 시도하되, 평가는 냉철하게 하자는 것.

나는 엉뚱한 생각도 좋아하고, 늘 새로운 시도를 즐겨 하며, 무엇이든 뒤집어 생각해보는 것도 좋아한다. 우리 팀이 지난 8년간 오비맥주에서 진행했던 수많은 일들 역시, 따지고 보면 회식자리나 휴식 시간에 농담처럼 나누던 것들이 계기가 되어 시작되었다. 아이디어에 그치지 않고 실제 좋은 결과로 이어진 것이 많은데, 2013년 가을 '카스라이트 빌더링' 행사의 일환으로 명동의 롯데 백화점을 오른 암벽등반의 여왕 김자인 선수의 이벤트가 그중 하나다. 몇 년 전 KBS 스포츠 뉴스를 시청하다 김자인 선수를 보고 떠올린 장난스러운 아이디어가 마침내 서울과 부산에서 카스라이트 후원을 통해 현실화되었다. 부산 해운대 앞 포장마차에서 탄생한 초대형 해운대 백사장 콘서트라는 아이디어는 '나는 카스다!'라는 이름으로 명명, 개최되었다. 미국처럼 골프장에서 이동식 카트로 맥주를 팔고 싶다던 우리의 꿈은 'SKY72'라는 골프장에서 OB맥주를 판매하는 현실로 변모했다. 내가 늘 우리 팀에게 당부하는 말이 있다. 미친놈처럼 마음껏 저지르라고. 마지막 결정의 순간 내가 함께 리뷰해주고, 좋은 아이디어라면 함께 팔아주고, 책임도 함께 져줄 테니 마음껏 저지르라고.

단, 평가와 결정의 순간만큼은 그 누구보다 냉혹하다. 혁신적인 아이디어는 누구나 자유롭게 내놓을 수 있지만, 그것을 적용할 때는 브랜드와 제품의 본질에서 벗어나면 안 되기 때문이다. 내가 항상 강조하는 것은 의미 있는 다름이다. 단순하게 다르기만 한 기획을 가져오면 가차 없이 면박을 주며 '의미 있는' 다름을 고민하라고 질

나는 다른 것을 본다

부산 해운대에서 '나는 카스다!'라는 이름으로 열린 카스썸머콘서트.

책한다. 우리가 하는 일은 브랜드의 생명을 지키고 힘을 키워주는 것이기에, 브랜드나 상품의 본질에 걸맞지 않은 아이디어는 모두 쓰레기라고 봐도 과언이 아닐 것이다.

광고대행사 선정을 위해 경쟁 PT를 하던 때였다. 어느 대행사가 맥주 거품을 티스푼으로 떠먹는 프로모션 아이디어를 제시한 적이 있다. 전반적인 느낌은 나쁘지 않았지만 나는 단박에 그들에게 핀잔을 주었다. 아이디어가 얼마나 신선한지의 여부를 떠나서 맥주 브랜드 관리자에게 '티스푼'이라니, 제시해선 안 될 말이다. 나는 영업사원들이 그토록 수차례 소맥 전용잔을 만들어달라고 해도 꿈쩍도 하지 않았다. 사람들이 스스로 원해서 소맥을 마시는 것은 어쩔 수 없지만, 브랜드를 사랑하고 관리하는 우리들까지 소중한 맥주를 소주와 섞어 마시라며 권할 수는 없기 때문이다. 그러다가 백세주의 전철을 밟지 말라는 법이 어디 있겠는가.

결국 팀과 함께 창의적 아이디어를 검토하고 평가할 때 내세우는 기준은 '의미 있는 다름'과 '본질의 사수'가 된다. 가령 내용은 나쁘지 않은데, 어느 브랜드를 대입해도 잘 맞아떨어지는 기획이 있다. 그때는 특정 브랜드에만 어울리는 의미 있는 다름이 아니므로 반대한다. 아이디어는 매우 독창적이고 신선한데 특정 브랜드와는 전혀 맞지 않을 때도 있다. 이 경우 역시 단칼에 자른다. 이제 막

나는 다른 것을 본다

아이디어를 변경한 터라 소비자들에게 내용이 오롯이 전달되지도 않은 상황에서 '변화 강박증'에 걸려 새로운 디자인 시안이 등장할 때도 있다. 소비자에게 전달하는 메시지를 매번 변경하려는 '차별 강박증' 역시 자주 목격된다. 그래서 나는 브랜드 이노베이터인 동시에 브랜드 폴리스가 될 수밖에 없다. 본질을 벗어난 창의는 쓰레기이자 의미 없는 공해임을 잘 알기 때문이다.

내가 제일 무서워하는 후배는 기획력과 현장력을 동시에 갖춘 친구다. 이들과 제대로 붙으면 쉽게 이길 수가 없다(그래서 나는 이런 인재들을 동료로 삼는다). 너도나도 크리에이티브를 강조하는 시대라서인지, 주변을 둘러보면 기획력이 우수한 친구들은 쉽게 눈에 띈다. 하지만 현장력까지 갖춘 기획자들은 쉽게 찾을 수 없다. 현장보다 사무실을 좋아하는, 스킨십에 약한 기획자들이 대부분이다. 그래서 나는 종종 후배들에게 "현장 관리자들 눈에 재수 없어 보이게 일하지 말라."며 놀린다. 현장과 맞서 싸우는 기획자가 되라는 의미다(곡해하지 마시길. 우린 그만큼 친분이 두텁다).

현장과 멀어진 아이디어는 겉멋이 잔뜩 들어 있다. 제품과 서비스에 대해 잘 모를수록, 자신이 없을수록 멋지게만 포장하기 때문이다. 현장에서 길어 올린 아이디어는 거추장스럽게 멋을 부린 그 무엇보다 빛이 난다. 그럼에도 우리가 현장과 스킨십하기를 꺼리는 이유는 그곳이 매우 고된 터전이기 때문일 것이다. 하지만 물에 잠수하는 사람이 상어를 무서워하면 결코 진주에 손을 대지 못한다는 옛 시인의 말처럼, 진주를 건지기 위해서는 먼저 고통의 현장으로 직진해야 한다.

나는 다른 것을 본다

건축가는 무엇보다 건설 인부다.
만약 손에 흙 묻히기를 꺼리면
그는 건축가가 아니다.

렌조 피아노, 이탈리아 건축가

모든 실패는
또 다른 계기가 된다

영화가 끝나자 관객들은 모두 돌아갔다. 나는 모두 돌아간 빈 극장에 홀로 남아 손익계산서를 떠올려보았다. 영화는 끝났고, 나는 손해만 안았다. 하지만 무언가를 잃은 게 아니라, 오히려 얻은 듯한 느낌이었다.

1998년의 일이다. 나는 허진호 감독의 〈8월의 크리스마스〉라는 영화를 본 후 한동안 헤어나오지 못했다. 영화의 잔상이 오랜 시간 가슴에 남았고, 결국 무모할 만한 시도로 이어졌다. 〈8월의 크리스마스〉를 미국 뉴욕에서 개봉하겠다는 야심찬 계획을 세운 것이다. 당시 회사를 이직하는 과도기적 시기였기에, 몸이 근질근질하여 새로운 일을 벌이고 싶기도 했다. 상황이 밝지만은 않았다. 뚜렷한 홍보 툴이 있는 것도 아니었고, 수중에 지닌 돈도 많지 않았다. 하지만 무식하면 용감하다고 했던가. 나는 다짜고짜 일신창투의 김승범 대표를 찾아가 미국에서 영화를 개봉할 권리를 따냈다. 그리고 뉴욕 퀸즈 지역의 플러싱 메도우 파크에 있는 극장을 주말 동안 임대했다. 가진 돈을 털어 '라디오코리아'와 〈미주 한국일보〉 등의 매체에 영화를 홍보했고, 전단지를 만들어 직접 길에서 뿌리기까지 했다(사람은 자신이 좋아하는 것일수록 평정심을 잃게 된다). 물론 대부분의 지인들은 나의 이런 무모함을 말렸고, 무모한 도전은 당연하게도(?) 실패로 돌아갔다. 그리고 나는 수천 불의 손실을 떠안았다. 하지만 그 실패는 그리 아프지 않았다. 오히려 감독 겸 배우인 클린트 이스트우드도 그동안 해왔던 거의 모든 일마다 그 일을 만류하는 충고를 들었다는 일화를 떠올리며, 이 실패를 통해 내가 몇 배는 더 성장할 것 같은 근거 없는 믿음이 생기기 시작했다. 나는 가슴과 본능이 시키는대로 했을 뿐이다. 비록 능력 부족으로 실패라는 판정표를 받았지만, 언젠가는 내 의지와 성과가 정비례하는 순간이 다가오리라는 사실을 감지했다. 정확히 말하자면, 그런 순간을 만들겠다고 다짐했다. 모든 실패는 '계기'로 작용하는 법이다.

하나 더, 그 사건을 계기로 나는 새로운 마케팅 계획을 세울 때마다 내 자신에게 한 번 더 묻게 되었다. "이게 네 돈이라면 하겠어?" 자신의 돈이어도 하겠다는 결심이 섰다면, 그 계획은 실패할 확률이 매우 낮다. 오랜 경험으로 미루어볼 때.

우리는 모두 3할 타자다

많은 사람들이 실패를 두려워하면서도 자꾸 도전을 거듭하는 이유는 무엇일까. 바로 성공에 대한 이끌림, 자신의 꿈을 이루고자 하는 욕망, 마지막으로 누군가를 동경하는 마음 때문일 것이다. 동경은 미래를 만드는 단초가 된다. 따지고 보면 누군가를 동경하던 과거의 당신이 지금의 당신을 만들었을지도 모른다.

그래서 우리는 혁신가의 책을 읽거나 강연을 들으면서, 제2의 스티브 잡스나 빌 게이츠가 되기를 꿈꾼다. 그 정도까지는 아니어도 특정 분야에서 일가를 이룬 이들을 보며 동경을 품는다. 하지만 현실은 언제나 여의치 않다. 그래서인지 꿈을 가진 후에도 시도조차 하지 않고 스스로 관두는 이들이 많다. 일단 변화를 기피하고 새로운 것을 두려워하는 습성 때문이다. 거의 모든 새로움은 현실과 반대되는 상황에서 시작되기에, 아무래도 불편함이나 불안이라는 이름으로 먼저 찾아온다. 자신의 꿈을 자체 검열해 생각 안에 가둬버

나는 다른 것을 본다

리기도 한다. '그 사람은 어려서부터 달랐을 거야.', '누구나 스티브 잡스나 빌 게이츠가 될 수 있는 건 아니잖아.', '창업자와 일개 직원은 다르지 않을까?' 그렇게 우리는 점점 동경하는 일조차 그만두게 된다. 자신에게 주어진 기회를 스스로 알아서 지워나가는 셈이다.

1995년 말 CJ그룹은 삼성그룹에서 독립하는 과정에서 엔터테인먼트 사업으로 진출하게 된다. 지금이야 CJ E&M이나 CGV 등의 문화산업이 기업의 핵심 분야지만, 당시는 사내 공모로 선발된 27명이 이끄는 작은 사업부에 불과했다. 이 사업을 진두지휘하던 리더는 삼성그룹의 장손녀인 이미경 이사(現 부회장)였다. 나는 우연히 그를 만나 외부 스카우트 인력 1호로 CJ에 입사하게 됐다. 업계에서는 CJ를 기대에 찬 시선으로 바라보았다. CJ에서 영화뿐 아니라 극장을 비롯한 인프라의 확장을 준비하고 있던 데다. 음악이나 게임 등으로 콘텐츠를 확산하겠다는 포부를 밝혔기 때문이다. 기존의 충무로식 도제 시스템에서 벗어나 제대로 된 시스템을 갖추고 시장에 도전하겠다는 CJ의 출사표에 많은 영화인들이 설렜다. 기존과는 비교할 수 없는 많은 시나리오들이 CJ의 사업부로 날아들었다. 다양한 형태의 엔터테인먼트 사업 아이디어와 투자 제안서마저 연일 날아들었다. 하지만 이처럼 뜨거운 반응에도 불구하고, 사내에는 정작 이상한 풍경이 펼쳐졌다. 실무진들이 수많은 제안서들을 상부에 보고하지 않은 것이다. 적게는 수억에서, 많게는 수십억 원까지 소요되는 사업에 부담을 느낀 나머지, 감히 어느 누구도 총대를 메고 자신 있게 투자를 제안할 엄두를 내지 못했기 때문이다. 수십억의 제작비가 들어가는 영화를 제안했는데, 그 영화가 흥행에 실패한다면? 상상만 해도 아찔한 결과가 아닐 수 없다. 그렇게 실무자들은 책상 서랍에 제안서들을 고이고이 오랫동안 방치한 채 묵혀두고 있었다. 이것이야말로 진짜 아찔한 결과다.

야구에서 3할 타자를 생각해보라. 타자는 타석에 10번 들어서서 3번만 안타를 쳐도, 능력을 인정받는다. 10번 중 3번이라니 적게 느껴질 수도 있겠지만, 한국 프로야구 역사상 1982년 백인천 이후 4할대 타자가 등장한 적은 없다. 미국 메이저리그나 일본 역시 마찬가지다. 최고의 타자들도 10번 중 7번은 출루에 실패한다. 영화사는 10편의 영화 중 2~3편만 흥행해도 나머지 영화의 실패를 만회하며 수익을 낼 수 있다. 메이저급 영화사조차 10편 중 7~8편이 흥행에 실패하곤 한다. 인생이든, 야구든, 비즈니스든, 대부분의 일들이 성공할 확률보다 실패할 확률이 더 높다. 그렇다면 우리의 선택지에는 '실패'라는 여지도 반영되어야 한다. 하지만 우리가 속한 조직은 어떤가. 3번의 성공을 뒤로하고 7번의 실패를 용인하지 않

나는 다른 것을 본다

는 일이 비일비재하다. 그러한 조직의 생리를 재빠르게 파악하고 적응하는 것까진 좋다. 우리가 저지르는 가장 큰 잘못은 스스로 실패할 기회를 지워버린다는 것이다. 새로운 아이디어를 자체 검열하고, 미래에 대한 동경을 멈추고, 익숙하고 안정된 선택지로만 인생과 사업을 채워나간다.

상처받은 건
시도했기 때문이다

모차르트는 다섯 살 때부터 작곡을 했을 만큼 신이 내린 음악 천재라고 알려져 있다. 하지만 신동이라 불린 그의 삶을 가만히 들여다보면 정작 대단한 점은 따로 있다. 그가 작곡한 모든 음악이 성공한 것도 아니다. 그의 음악 중 상당수는 오히려 대중에게 인정받지 못했다. 그럼에도 후대 음악인들이 그를 천재라고 칭송하는 이유는, 짧은 시간에 이뤄낸 결과물의 어마어마한 양 때문이다. 그는 실력 면에서도 천재였지만, 양적인 면에서도 천재였다. 그는 실패든, 성공이든 개의치 않고 언제나 피아노 앞에 앉아 악보를 그렸다. 멈추지 않고 끊임없이 시도했기에 오늘날 전설로 남았다. 세계적인 의상 디자이너 피에르 가르뎅도 혁신적인 디자인을 선보일 때마다 주변 사람들로부터 만신창이가 될 정도의 비난을 받아왔다고 한다. 새로운 시도는 언제나 주변의 시련과 냉대 앞에서 비틀거린다. 주변의 훈수꾼들은 문제없이 잘 돌아가고 있는데, 왜 쓸데없이 일을 만들려 하느냐며 걱정부터 앞세운다. 대부분의 사람들은 그러한 상황에서 도망쳐버린다. (비난에 가까운) 비판을 받는 것이 두려워 시도조차 포기하는 것이다. 물론 비판의 소리나 반대 의견을 수용하는 것도 중요하겠지만, 그렇다고 남의 말에 휘둘리기만 해서는 혁신을 만들어낼 수 없다. 혁신을 이루기 위해서는 모두가 당연시하는 것을 의심하거나 반대해볼 필요가 있다. 새로운 아이디어는 갑자기 떠오르는 것이 아니라, 기존 상식이나 통념을 뒤집어보고 부정해보는 습관에서 시작되기 때문이다. 남들에게 욕먹는 일에 이골이 나 있지 않으면 혁신은 감히 엄두조차 낼 수 없다. 창의적인 사람들이 제시하는 아이디어들은 처음엔 대부분 주변 사람들로부터 비웃음을 사거나 환영받지 못하는 경우가 많다. 창조적 파괴를 시도한다는 것은 마냥 신나는 일이 아니다. 때로는 외롭고 때로는 당혹스러운 일임을 기억하자. 아무런 것도 시도하지 않는다면, 상처받지 않는다. 시도하지 않는다면 실패를, 장애물을 만나지 않을 수도 있다. 하지만 우리는 뒤늦게 깨닫게 된다. 스스로 배울 기회마저 놓쳐버렸다는 것을.

나는 다른 것을 본다

지난날을 돌이켜보면 내가 대단히 혁신적이라고 단언할 수는 없겠지만, 도전이나 시도를 두려워하지 않았던 것만은 분명하다. 뉴욕에서 영화 상영으로 큰 손실을 입었던 시절, 나는 또 한 번의 실패를 경험했다. 미국에는 '콜링카드'라는 게 있다. 한국으로 치면 전화카드라 할 수 있는데, 지금처럼 인터넷 전화가 있는 시절도 아니어서 해외에 전화를 걸려면 콜링카드를 사서 걸곤 했다. 그런데 뉴욕은 워낙 다양한 민족이 살아서인지 카드마다 국제전화 요금이 각각 달랐다. 특정 지역의 요금은 싼데 나머지 지역은 비싼 카드도 있다. 그러던 중 우연히 아시아 지역의 요금이 싼 카드를 찾아냈다. 나는 그 카드를 대량으로 구매해 '구두쇠 전화카드'라는 브랜드로 직접 판매하기 시작했다. 어차피 한국 말고 다른 국가에 전화를 걸 일은 없었기 때문에 다른 지역의 요금은 얼마가 됐든 상관없었다. 한인 축제에 가서 판매를 시작하니 반응은 가히 폭발적이었다. 하지만 달콤한 꿈은 오래가지 않았다. 이 전화카드가 인기가 있다는 사실을 알아챈 유대인 공급자들이 내게는 더 이상 대량 판매를 하지 않았기 때문이다. 내가 개발해놓은 비즈니스 기회를 한순간에 그들에게 빼앗겨버린 상황이었다.

　나는 이 실패를 두고 곰곰이 분석해보았다. 공급에 대한 부분을 미처 파악하지 못한 채, 성급하게 판매를 시작한 건 나의 미스였을 것이다. 하지만 엄청난 미스라고 생각하고 싶진 않았다. 이 일을 통해 언제나 시장에는 예상치 못한 변수가 존재한다는 교훈을 배웠기 때문이다.

지난 경험을 돌이켜볼 때, 나는 이제야 3할대 기획자와 마케터가 된 것 같다. 3할 타자가 공을 치기 위해 수없이 배트를 휘두른 것처럼, 지금에 이르기까지 수많은 시도와 실패를 거듭해왔다. 나도 도전 앞에서 주춤거렸던 경험이 없진 않을 것이다. 하지만 그때마다 마음에 새긴 것이 있다. 이른바 0.5짜리 혁신이다. '혁신의 강도'로 표현하자면 1.0짜리 혁신이 아니라, 0.5짜리 혁신이다. 우리가 실패하는 이유 중 하나는 처음부터 지나치게 큰 목표를 세우기 때문일 수도 있다. 처음부터 엄청난 수준의 변화가 아닌 작은 변화부터 시작해보자. 작은 성공이 계속 쌓이면 뱃심이 커지면서 어느덧 1.0짜리 혁신에 도전할 만한 마음의 근육을 갖게 될 것이다.

자신의 이름을 딴 브랜드 'KUHO(구호)'를 만든 디자이너 정구호는 미술학도, 요리사, 디자이너 등의 다양한 직업을 거치며 살아온 이색적인 이력으로 유명하다. 얼마 전 읽은 그의 인터뷰에는 흥미로운 내용이 담겨 있었다. 그는 옷 잘 입는 비결을 묻는 질문에, 옷을 잘 입고 싶으면 많이 입어보면 된다는 대답을 내놓았다. 평소 좋아하는 옷 말고 매장에 가서 있는 옷을 이것저것 다 입어보라는 것이다. 처음에는 안 어울리는 옷도 많이 입다 보면 자연스러워진다는 것이 그의 주장이었다. 마찬가지로 우리에게는 좀 더 많은 걸 해보겠다는, 지금보다 더 많이 넘어지겠다는 각오가 필요하다. 결국 지금보다 좀 더 확실하게 만신창이가 되어야 한다. 해보지 않고는 판단할 수 없는 법이다.

제가 가장 두려워했던 실패가
현실로 다가오자 오히려 저는
자유로워질 수 있었습니다.

조앤 롤링

이기려면
함께 가라

신화라는 아이돌 그룹을 아는가. 갓 스물 남짓에 데뷔해 지금은 40대를 바라보는, 국내 최장수 아이돌 그룹이다. 신화는 데뷔 초 H.O.T나 젝스키스에 밀려 상대적으로 덜 주목받다가 나중에는 최고의 그룹으로 어깨를 나란히 했다. 오랜 세월이 지난 지금, 상황은 완벽하게 역전되었다. 같은 시기에 활동했던 그룹들이 모두 해체된 반면, 그들은 아직까지도 '신화'라는 이름으로 팬들의 지지를 받으며 왕성하게 활동하고 있다. 신화라는 이름 앞에는 어느덧 인기 그룹이라는 말 대신 장수 그룹이라는 수식어가 따라붙는다. 모두가 부러워할 만큼 *끈끈한 동료애*를 자랑하는 그룹이지만, 언제나 사이가 좋았던 것만은 아니다. 초창기에는 멤버들끼리 수시로 치고받으며 싸웠다는 어느 멤버의 말처럼, 워낙 격의 없이 지내다 보니 툭하면 서로 삐걱대기 일쑤였다. 위기도 있었다. 멤버 하나가 활동하던 중 부도덕한 사건에 연루된 것이다. 하지만 이들은 문제가 생긴 멤버를 내치기보다 끌어안음으로써 그 위기를 극복했다. 서로를 먼저 생각하고, 내가 아닌 '우리'로 움직였기에 최장수 아이돌 그룹으로 남을 수 있었다.

자유에는 무게가 필요하다　—

비단 아이돌 그룹만이 아닐 것이다. 세상에 존재하는 모든 조직, 집단, 회사가 불협화음을 내지 않고 지내기란 그 어떤 '신기술 개발'보다 어려운 일이다. 불협화음이 전혀 없어도 이상하다. 적절한 불만이나 합리적인 비판이 없는 조직은 정체된 조직이 분명하다. 어찌 되었건 서로 다른 사람들끼리 만나서 함께 일하는 것은, 수십 년 동안 따로 살아온 남녀가 결혼이라는 이름으로 맺어져 잘 사는 것만큼이나 힘들다. 개인의 자유와 개성을 존중하다 보면 하나로 뭉치기 어렵고, 조직을 강조하다 보면 자칫 경직될 수 있기 때문이다. 구태의연한 이야기처럼 들릴지도 모르지만, 나는 구성원들에게 자유를 주는 대신 자유에 대한 무게(책임)를 느끼게 하는 문화를 만들어야 한다고 생각한다. 자유롭게 자기 의견을 말하는 대신, 자기가 한 말에 책임을 지고 다른 사람들의 의견을 경청하고 협조할 줄 아는 마음의 무게 말이다.

JAL항공을 위기에서 구해낸 오니시 마사루 회장은 〈위클리비즈〉와의 인터뷰를 통해, JAL이 위기에 봉착했던 가장 큰 이유에 대해 "다들 제멋대로 애기해버리는 회사, 그것을 자유로운 회사라고 착각했던 거다."라고 말했다. 비판에는 무게가 담겨 있어야 한다. 정중한 예의를 담지 못한 비판은 합당한 내용일지라도 비난에 가까워진다. 논쟁은 상대를 죽이는 일이 아니라, 더 나은 대안을 찾는 과정이다. 삼성그룹의 최초 여성 임원으로 유명한 제일기획의 최인아 전 부사장은 "에고가 강하다고 해서, 재주가 많다고 해서 더 좋은 성과를 내는 게 아니다. 사람들이 나하고 일하고 싶어 하도록 만드는 것이 오래가는 비결이다."라는 말을 남겼다. 아무리 능력이 뛰어나도 함께 어울려 일하지 못하면 좋은 결과를 낼 수 없다. 아무리 훌륭한 인재를 뽑아도 조직에 융화하지 못하면 능력을 발휘하지 못하는 것과 마찬가지다.

외국 기업에서 근무한 나의 이력 때문인지, 많은 이들이 한국 기업과 외국 기업의 문화적 차이를 묻곤 한다. 여러 가지가 있겠지만 무엇이 옳고 그른지를 일일이 논할 수 없다. 문화적 차이를 감안한다면 모두 이해할 법한 일이다. 다만 인재 영입에 대해서만은, 몇 가지 이야기할 것이 있다. 근래 한국 사회는 외부 인재 영입에 공을 들여왔고, 기업에서도 인재 이동이 활발해졌다. 그러한 과정에서 새롭게 영입한 이가 얼마나 조직에 잘 적응하는지가 늘 도마에 오른다. 당연히 좋지 않은 이야기가 나온다. 물론 영입된 사람들의 자세에도 문제가 있으리라. 나는 조직문화에서만큼은 속인주의가 아니라 속지주의를 적용해야 한다고 생각한다. 새로운 조직에 갔으면 그 문화와 정서에 먼저 적응하는 게 바람직하다. 그렇지 않고 내 자아와 자존심만 내세우려고 하면, 조직의 성과는커녕 자신의 능력도 제대로 발휘하기 어렵다. 기존 구성원들은 소위 '텃세'를 거두어야 한다. 흔히 새로운 사람이 영입되면 "네가 얼마나 잘하나 보자."라는, 달갑지 않은(?) 눈빛으로 바라보는 분위기는 이제 지양해야 한다. 온 지 얼마 되지도 않았는데 실적부터 따지고 드는 것도 옳다고만은 볼 수 없다. 조직을 완전히 신뢰하고 마음 놓고 일할 수 있는 환경을 만들어줘야 실력을 제대로 발휘할 수 있는 법 아닌가. 노벨상을 수상한 세계적 석학이라며 서울대에서 떠들썩하게 모셔온 토머스 서전트 교수가 임용 1년 만에 계약 연장을 거부하고 떠난 것도 그런 정서 때문은 아닐지 우려스럽다.

나는 다른 것을 본다

상무보다는 맨유처럼 —

박지성 선수가 7년 동안 몸담았던 맨체스터 유나이티드(이하 맨유)는 매 시즌 격화되는 첨예한 경쟁구도에서도 오랜 세월 동안 챔피언의 위상을, 자리를 놓치지 않는 것으로 유명하다. 물론 시즌마다 수천억 원의 스카우트 비용을 지불하면서 세계 최고의 선수를 영입하고 팀 전력을 보강하는 데 심혈을 기울인 덕분일 것이다. 그러나 챔피언을 고수하는 가장 큰 이유는 따로 있다. 매년 팀의 리빌딩 차원에서 선수 방출과 신규 영입을 진행하는 맨유의 가장 큰 숙제는, 새롭게 조합된 선수들을 한데 모아서 최고의 팀워크를 이끌어내는 것이다. 맨유는 다행히도 매년 이 숙제를 제대로 이행하고 있으며 그 성과는 챔피언이란 위치로 판명난다.

나의 꿈은 맨유 같은 조직을 만드는 것이다. 평생직장의 개념이 사라지면서 점점 한국 사회에서도 이직 문화가 활성화되고 있다. 이는 중소기업만이 아니라 삼성과 같은 초일류 대기업에서도 흔하게 볼 수 있는 모습이다. 그렇다면 이제 조직에 대한 관점도 새로워져야 한다. 평생 직원의 안정을 보장해줄 수 없다면, 이직을 원하는 내부 구성원에 대해서도 관대해져야 한다. 조직이 안정을 담보해주지 못하면서 직원에게만 의리를 강요해서는 안 된다. 구글의 에릭 슈미트 회장은 부하직원이었던 셰릴 샌드버그가 페이스북 최고 운영책임자로 오라는 제안을 받자 "로켓에 자리가 생기면 올라타라."며 권했다고 한다. 반대로 외부에서 새로운 인재를 데려오는 것도 좀 더 유연하게 받아들일 수 있어야 한다. 조직의 이탈자가 생기면 회사 내 관리부서에서 구성원의 의향이나 해당 조직의 의중도 묻지 않고 타 부서의 장기 근속자 중에서 충원하라고 권할 때가 있다. 타 회사에서 인재를 영입하는 것보다 사내 구성원의 이동이 더 바람직하다는 판단일 것이다. 하지만 이럴 경우 조직의 안정성과 연속성은 가져갈 수 있을지 몰라도 조직의 전문성은 오히려 약화되기 쉽다. 차라리 타 기업에서 해당 분야의 전문가를 과감하게 영입하는 것이 바람직하다. 나는 우리 조직을 의무적으로 복무해야 하는 상무 같은 팀이 아니라, 입·출입이 자유로운 맨유와 같은 곳으로 만들어가고 싶다. 테베스나 호나우두 등의 초특급 선수가 떠나더라도 또 다른 선수를 보강해 다시 최고의 팀워크를 재건하는 맨유처럼, 생동감 넘치는 조직 말이다. 하나 덧붙이자면, 위기가 닥쳤을 때 그것을 해결할 수 있는 것은 개인이 아니라 조직이다. 어려운 상황에서도 피하지 않고 진취적으로 힘을 합해 나아가는 조직이 많아지기를 꿈꾼다.

나는 다른 것을 본다

안과 밖을 구분하지 마라 ─

위낙 많은 브랜드에 관여하다 보니, 사석에서 마케터가 몇 명이 되는지, 어떤 일을 하는지에 대해 질문을 받곤 한다. 2조 원이 넘는 매출을 올리는 오비맥주의 마케터는 20명이 채 되지 않았다. 2013년 말부터 수입 맥주 사업부문이 마케팅 조직에 편입되어 지금은 적지 않은 인원이 근무하고 있지만, 그전까지는 20명이 안 되는 인원으로 빼앗긴 1위를 탈환하는 역사를 썼다. 매출 규모나 다른 소비재 회사들과 비교해도 가히 믿어지지 않을 만큼 소규모다. 이 정도 인원으로 이토록 많은 브랜드들의 다양한 마케팅을 일 년 내내 쉬지 않고 전개할 수 있는 비결은 무엇일까. 이유는 간단하다. 실제 오비맥주를 위해 일하는 마케터가 20명을 훨씬 넘기 때문이다.

우리에게는 내부 직원보다 더 많은 외부의 전략적 파트너들이 존재한다. 흔히 대행사 혹은 에이전시라 불리는 협력사들인데, 모두가 전문 분야의 베테랑으로 우리에게 없어서는 안 될 소중한 성장의 동반자다. 나는 피자헛에 근무할 때부터 매년 연말이면 협력사 직원들과 함께 행사를 가져왔다. 고기와 술을 나눠 마시며 일을 떠나 친구가 됐고, 그 멤버들 중 일부는 내가 오비맥주로 이직한 후에도 10년 넘게 파트너로 지내고 있다.

오비맥주에 입사한 후부터는 매년 12월 초면 마케팅 협력사 파트너십 프로그램을 진행해왔다. 그리 대단한 규모의 행사는 아니다. 장소도 화려한 호텔이 아닌 오비맥주 공장 내의 시음장이다. 오비맥주의 마케팅을 함께 고민하는 20개 이상의 대행사 직원들의 노고에 감사하면서, 다음 해의 비전과 협업을 다짐하는 자리이기 때문이다. 또한 협력사 직원들을 초청해 '비어 톡^{Beer Talk}'이란 행사도 진행한다. 한 해 동안 열정을 갖고 서로 목소리를 높여가며 논쟁하고 동고동락한 파트너들과 맥주를 들이켜는 자리다. 즐거움이 넘쳐나는 이 행사의 백미는, 오비맥주 마케팅 부서의 전 직원이 무대 앞으로 나와 협력사 직원에게 진심 어린 감사의 뜻을 전하는 순간이다. 우리에게는 매년 대종상 시상식 못지않게 기다려지는 연말 이벤트인데, 이제는 파트너들조차 큰 기대를 갖고 방문할 정도다. 이러한 동반행사는 열 마디 칭찬이나 값비싼 선물보다도 훨씬 더 끈끈한 결속력을 만들어준다. 정이 넘치는 이러한 자리가 업무를 매끄럽게 하는 데 결정적인 요인이 되는 것은 분명하다.

여기까지만 이야기하면 대행사나 에이전시가 별로 고생하지 않는 것처럼 보일지도 모르겠지만, 실상은 또 그렇지 않다. 나는 그렇게 좋은 사람이 아니다(짐 콜린스도 말하지 않았던가, 좋은 것은 위대한 것의 적이라고). 나는 함께 일하는 협력사들에게 1년치 예산을 확정해주지

나는 다른 것을 본다

않는다. 대신 혁신적인 아이디어를 들고 오면 다른 곳에서 메워서라도 예산을 마련해준다. 연간 예산을 배정하지 않기에 언뜻 보면 안정성이 적어 보이지만, 그들에게는 오히려 큰 모티베이션이 된다. 머리를 쥐어짜서 훌륭한 아이디어를 준비하면 그만큼 그해 매출이 오르는 셈이니까. 다행스럽게도 우리의 고마운 파트너들은 오비맥주 지방권역의 영업회의까지 쫓아다니며 현장에서 문제를 찾아내고 대안을 제시하는 등 부족한 부분을 지원해준다.

잊지 못할 파트너는 또 있다. 대부분의 기업이 광고대행사를 자주 바꿔가며 광고를 찍는다. 하지만 나는 광고대행사였던 제일기획 측에 장기적인 파트너 관계를 약속하면서, 단 광고제작팀만은 제일기획 내에서 매년 각 브랜드 캠페인의 성격에 맞게끔 유연하게 변경할 수 있게 해 달라고 부탁했다. 어차피 광고대행사를 바꿔도 정작 중요한 것은 그 회사의 어떤 제작팀이 배정되느냐의 문제다. 나는 굳이 다른 창의성을 찾기 위해 여러 대행사를 찾아 전전긍긍하기보다는 제일기획 안에서 제작팀마다의 다양한 개성을 활용하고자 했다. 이런 나의 요청이 제일기획의 팀 운용에 다소 어려움을 빚었을지 몰라도, 이를 흔쾌히 허락해준 임대기 대표의 용단과 지원 덕에 지금껏 든든한 협력자로서 끈끈한 파트너십을 이어오고 있다.

뛰어난 인재를 영입해 '텃세' 부리지 않고 지켜봐줘야 하는 것처럼,

외부 파트너와 호흡을 맞출 때도 내부 직원의 역할이 절대적으로 중요하다. 그중에서도 내가 가장 강조하는 것은 '업무요청서'다. 업무요청서만 잘 점검해도, 협력사에 업무를 요청하기 전에 자기의 현황과 비즈니스의 문제점을 신랄하게 평가할 수 있기 때문이다. 또한 업무목록이나 방향성을 군더더기 없이 규정, 정리함으로써 파트너들이 최소 시간 안에 최적의 결과물을 준비할 수 있도록 혼선과 시간 낭비를 미연에 방지한다. 평소 내가 제일 싫어하는 말이 '알아서 잘해달라'는 것이다. 본인 스스로도 모르는데 외부 파트너가 무얼 어떻게 알고 잘할 수 있단 말인가. 그렇게 말하는 사람은 파트너가 좋은 아이디어를 들고 와도 그 가치를 제대로 평가할 리 없다. 결국 좋은 업무요청서(브리프)가 좋은 제안을 낳고, 좋은 결과를 낳는다. 이러한 과정을 통해 서로 유기적인 커뮤니케이션이 이루어지고 팀워크가 쌓이면, 그야말로 강력한 시너지 효과가 발생한다. 고맙게도 우리 파트너들은 주인의식과 혁신으로 오비맥주의 성과를 이루기 위해 오늘도 불철주야 고군분투 중이다.

비즈니스의 경계가 무너지고 있는 것처럼, 조직 역시 내부와 외부의 구분이 무의미해지고 있다. 업무는 점점 통합되어 가고, 장르 간의 연관성도 높아지고 있다. 조직을 기존의 시선으로만 바라봐서는 우리 스스로가 갇힐 수밖에 없다. 물론 아직도 조직을 운영하는 데 정답을 찾지는 못했다. 하지만 하나는 기억해야 한다. 어쨌거나 먼저 상대를 빛내줘야 한다는 사실을. 그러한 태도가 조직을 빛나게 하고, 결국 나 역시 누군가에 의해 빛나게 될 것이다.

성공은 내가 주변 사람들을
얼마나 밟고 올라섰느냐에
좌우되는 것이 아니다.
오히려 주변 사람들을
얼마나 끌어올려주느냐에
달려 있는 것이다.
그렇게 하는 과정 속에서
사람들은 나를 끌어올려주고
나도 그렇게 해주었다.

조지 루카스, 영화 〈스타워즈〉 감독

나만의 '레드오션'을
찾아라

구글에서 멘틀 인터내셔널의 세
계 신상품 데이터베이스인 GNPD^{Global New Product Database}를 검색해보면,
전 세계 소비재 시장에서의 성공 사례와 제품 혁신을 모니터링한
다는 문구가 등장한다. 경쟁사 모니터링이나 신제품 아이디어를
위해 독점적으로 데이터를 제공한다는 GNPD의 메시지를 읽다 보
면, 눈에 들어오는 대목이 있다. 매달 전 세계 49개국 2만 개 이상
의 신제품이 추가되니 다양하고 정확한 정보를 얻을 수 있다는 내
용이다. 한 달에만 2만 개가 넘는 신제품이라니, 여기에 등록되지
않은 제품들까지 감안하면 대체 얼마나 새로운 브랜드와 제품들이

쏟아진단 말인가. 글을 쓰고 있는 이 순간에도 분명 새로운 제품이 태어나 자신의 주인을 만나길 기다리고 있을 것이다.

폭이 좁아도 길은 존재한다 ─

바야흐로 21세기는 선택의 시대다. 1947년 미국의 평범한 식료품점에서 제공하는 물품의 종류는 3,700여 가지에 불과했지만, 오늘날에는 무려 4만 5,000여 종이 넘는다고 한다. 월마트에는 평균 10만 종의 제품이 소비자의 선택을 기다리고 있다. 인터넷 매장으로 발길을 돌리면 더 광대한 바다가 존재한다. 인터넷 서점 아마존에는 2,700만 종의 책이 독자들의 선택을 기다리며, 우리나라의 경우 하루에만 무려 100종에 달하는 신간이 서점에 입고된다고 한다.

가뜩이나 까다로워진 고객들의 입맛을 맞추기도 어려운데, 이렇게나 경쟁자들이 많으니 고객의 눈과 마음을 붙들어매는 일은 하루가 다르게 치열해진다. 이쯤 되면 물건을 고르는 소비자는 마냥 행복할 것 같지만, 현실을 들여다보면 정작 그렇지만은 않다. 선택은 '원하는 것을 고를 권리'를 주지만 때로는 더 큰 고민을 안겨준다. 선택해야 할 가짓수가 늘어날수록 즐거움은 반감되어 오히려 고통으로 바뀔 수 있다. 그래서 그들은 외친다! 내면의 욕망을 충

나는 다른 것을 본다

족하는 물건으로 제대로 유혹해 달라고. 대신 마음에 들면 아낌없는 지원도 아끼지 않겠노라고. 신제품이 출시될 때마다 새벽부터 줄을 서서 기다리는 애플의 팬들을 보라. 길은 분명히 존재한다.

세계 최대 아이스크림 체인점 배스킨라빈스는 다양성의 시대에 오히려 다양성을 무기로 정면 돌파하고 있다. '하루에 한 가지씩 매일 다른 맛'이라는 슬로건으로 31가지 아이스크림을 내놓는 것이 그들의 전략이다. 며칠 걸려 하나를 고르지 말고, 하루에 하나의 메뉴를 택하라는 기막힌 전술인 셈이다(현재까지 개발한 아이스크림 종류만 해도 1,000여 종이 넘고, 보통 연간 100여 종을 순서대로 바꿔가면서 매장에 내놓는다). 그들은 소비자들의 선택의 폭을 31가지 메뉴로 한정시켜 어떻게든 매장 안으로 들어오게 했다.

아무리 폭이 좁아도 길은 길이다. 우리는 좁은 길 안에서 해법을 찾아야 한다. 때로는 그 길이 넝쿨로 가려져 보이지 않을 수도 있다. 그러나 모든 진리의 길은 언제나 숨겨져 있는 법. 탐정이 현장을 뒤져서 단서의 조각들을 찾아내듯, 우리 역시 세세한 단서를 찾아야 한다. 세세한 것들이 한데 모이면 '큰 그림'이 그려진다. 직소 퍼즐처럼 조각을 맞추다 보면 반드시 그림은 완성된다. 탐정이 조각을 모아 사건을 재구성하고 범인을 추리해내듯, 소비자들이 중간 중간 흘리는 조각에 촉각을 곤두세워야 한다.

고객의 불만에 답이 있다 —

그렇다면 우리는 어떠한 단서에 주목해야 할까. 나는 새로운 길을 찾으려면, 사람들의 불만에 주목해보기를 권한다. 수많은 연예인들의 성지순례(?) 코스로 알려진 공수간 떡볶이. 이 떡볶이 가게의 오픈시간은 오후 6시. 오후 4시가 넘어서야 재료를 손질하고 준비한다. 다른 분식집처럼 어린아이들을 고객으로 삼지 않기 때문이다. 손님이 가장 붐비는 시간은 밤 12시에서 새벽 2시 사이. 일본인 관광객까지 가세한 줄이 이어지고, 심부름센터 오토바이가 부지런히 배달을 다니는 등 진풍경을 선사한다. 공수간은 독특한 영업시간과 저녁 및 심야시간 배달을 통해 유흥산업 종사자들이나 심야에 음식을 찾는 고객들을 위한 타깃 영업에 성공한 케이스다. 가령 밤늦은 시간에 피자를 먹고 싶다면? 족발이나 보쌈, 치킨 등을 배달하는 야식집은 많아도 24시간 피자를 배달하는 곳은 극히 드물다. 피자는 흔한 음식이지만 야식 메뉴로 피자를 택하는 순간 새로운 사업이 된다. 아니, 새로운 시장은 없다. 모든 시장은 이미 존재한다. 다만 그것을 타깃에 맞춰서 조절하지 못했을 뿐이다. 어쩌면 우리가 찾아헤매는 길은 새로운 길(블루오션)이 아니라 기존의 길(레드오션)일 것이다.

나는 다른 것을 본다

이마트의 매출 상승을 견인한 이벤트 '써니 세일^{sunny sale}'도 따지고 보면, 아주 사소한 불만에서 시작된 행사였다. 보통 마트는 폐점시간이 다 되어서야 할인을 시작한다. 하지만 맞벌이 부부이거나 꼭 맞벌이 부부가 아니라도 퇴근해서 장을 보러 갈 여유가 있는 직장인은 많지 않다. 할인을 해도 그림의 떡처럼 느껴지는 셈이다. 보통 마트와 달리 써니 세일은 정오 12시부터 오후 1시까지만 할인이 해당된다. 이마트는 점심시간에 마트의 매출이 가장 낮다는 점과 직장인들이 그나마 점심을 먹고 들어오는 길에 여유가 있다는 점에 착안해, '새도 QR코드'라는 옥외 구조물을 다수 거리에 설치했다. 구조물은 수십 개의 막대기들이 꽂혀 있는 형태인데, 오후 12시에서 1시 사이에 태양의 고도가 높아지면 빛을 받아 그림자로 QR코드가 만들어진다. 스마트폰으로 이를 스캔하면 다양한 할인쿠폰을 받거나 실시간 염가 경매 등에 참여할 수 있다. 독특한 세일 덕분에 이마트 온라인몰의 신규 가입자 수는 전월 대비 58%나 증가했고, 동시간대 매출 역시 25%나 성장했다. 이는 기존의 세일을 시간대만 바꾸고 시대의 흐름에 맞게 'QR코드'를 더해 편집한 전략이다. 최근 출퇴근길에 아예 매장에 들리지 않고 모바일로 장을 보는 사람이 늘어난 것 역시 '쇼핑시간의 부족'에서 불거진 현상이다.

대니얼 핑크는 《파는 것이 인간이다》란 저서에서 "현대의 세일즈

맨은 문제 해결자가 아니라 문제 발견자가 돼야 한다."고 주장했
다. 창업 10년 동안 폐점율 0%의 프랜차이즈 센터로 거듭난 모임
공간 '토즈' 역시, 학생들과 직장인들의 불만에서 비롯된 것이다.
스터디문화가 점점 확산되는 분위기임에도, 정작 여럿이 모여 토
의하거나 공부할 만한 공간은 드문 데서 나온 불만이었다. 도서관
이나 학교에 가자니 환경이 여의치 않고, 언제까지나 커피숍에서
음악소리와 대화에 묻혀 스터디를 할 수도 없는 일. 토즈는 저렴한
가격에 간단한 다과까지 무료로 제공함으로써, 이러한 이들의 불만
을 해소해주는 공간으로 탄생했다. 소비자들의 불만을 비즈니스화
하면 성공에 가까워진다. 탐스슈즈의 창업자 블레이크 마이코스키
는 〈위클리비즈〉와의 인터뷰를 통해 "비즈니스에서 기회는 사람들
에게 상처를 주는 것이 아니라 그들의 삶을 개선하는 데 있다."고
주장했다.

분명 삶의 개선이라고 하긴 뭐하지만 최근 특이한 이유로 매출을
올리는 곳들이 있다. 바로 금연 열풍 때문에 생겨난 일이다. 거의
모든 식당이 금연구역으로 정해지면서 흡연자들이 담배 피울 곳이
마땅치 않은 게 현실이다. 최근 회사가 밀집된 지역의 술집에서는
흡연자들을 위해, 점심시간에 한해 밥을 먹고 담배를 피우는 공간
을 제공하고 있다. 이러한 공간들은 더 이상 이 땅에 담배 피울 곳

이 없다는 불만을 가진 흡연자들의 전폭적인 지지 아래, 점심시간에만 엄청난 매출이 발생한다고 한다. 이제 소비는 물건을 구매하는 행위에서 인간의 불만과 실망, 상처를 치유하는 행위로 진화하고 있다. 소비의 경험이 행복한 잔상으로 이어질 때, 소비자들은 만족을 느낀다. 치유의 느낌을 만끽하는 것이다.

네이버 검색창과 NHN 사옥을 설계한 것으로 유명한 제이오에이치의 조수용 대표가 한남동에 '세컨드 키친'이란 레스토랑을 열었다. 개업한 지 얼마 되지 않아서 빨리 자리를 잡았다는 말에 호기심이 일었다. 막상 가서 보니, 디자인과 음식은 여느 인기 레스토랑과 크게 다르지 않았다(물론 훌륭하지 않았다는 것은 아니다). 정작 고객을 반하게 만든 핵심은 따로 있었다. 바로 부담 없이 와인을 고를 수 있도록, 50여 종의 와인을 5만 5,000원이라는 동일한 가격으로 맞춘 것이다. 와인은 워낙에 종류가 다양하고 가격대가 만만치 않은 술이다. 세컨드 키친에서 만끽할 수 있는 진짜 즐거움은 와인을 저렴한 가격에 마실 수 있다는 것이 아니라, 와인을 고르는 부담감을 덜어준 데 있다. 웬만한 와인 마니아가 아닌 이상 와인의 가격을 의식하지 않고 자유롭게 고르는 이는 많지 않을 것이다. 그런데 골치 아픈 와인 가격을 균일가로 통일해버렸으니 상대를 의식하지 않고 와인을 자유롭게 고를 수 있게 된 것이다. 게다가 일부 와인 마니아들은 50종의 와인 중에서 비교적 상급의 와인을 고를 수 있으니, 가격 대비 탁월한 선택을 했다는 안목을 자랑할 기회도 갖게 됐다. 이러한 사실에 열광하면서도, 이제껏 주문할 때의 부담감을 줄이기 위해 균일가 와인을 구비해달라고 요구한 이들은 거의 없었다. 아마 없었을 것이다. 말하고 싶지 않아서가 아니라, 그들 스스로도 의식하지 못했던 내재된 욕망이다. 세컨드 키친은 소비자들의 이러한 욕망을 끄집어냈다.

사람을 움직여야 이긴다 —

수년 전까지만 해도 포스트잇은 학생들에게 가장 인기 있던 문구용품 중 하나였다. 학생들은 책과 책상에 수많은 포스트잇을 붙이면서 공부한다. 하지만 최근 들어서는 포스트잇을 구매하지 않는 경향이 높다고 한다. 포스트잇을 무료 경품으로 쓰는 곳이 늘어나고 있기 때문이다. 포스트잇은 학원이나 금융회사, 영화 등을 선전하는 홍보용 제품으로 널리 애용되고 있다. 저렴한 단가에 비해 광고 효과가 높기 때문이다. 그렇다면 포스트잇은 더 이상 매출을 기대할 수 없는 재화일까? 꼭 그렇지만은 않다. 오히려 캐릭터 비즈니스를 기반으로 한 포스트잇은 여전히 인기리에 판매되고 있다.

나는 다른 것을 본다

아울러 종이 포스트잇이 아니라 투명한 재질의 포스트잇은 지갑을 열게 만든다. 작은 포스트잇 하나에도 기능이 아니라 감성의 만족을 기대하는 것이 소비자들의 속내다.

그렇다면 과연 어떤 브랜드가 사람들의 마음을 사로잡을 것인가. 나는 이에 대한 해답으로 '로망'이란 답을 제시하고 싶다. 성공한 모든 브랜드는 사람들의 로망을 충족해주었다는 공통점을 지니고 있다. 요즘 카페에 들어가보면 노트북을 펴놓고 일하는 사람들 중 절반 이상이 맥북을 쓰고 있다. 그중에는 기능 때문에 맥북을 고른 이들도 있겠지만, 소위 '뽀대' 때문에 맥북을 산 사람도 적지 않을 것이다. 거리에서, 카페에서, 대중교통 안에서 품격을 드러내고픈 소비자들의 로망이 맥북의 브랜드 가치에 일조한 셈이다.

최근 착한 기업 ^{Good Company}, 착한 브랜드가 대세인 이유도 로망에서 찾아볼 수 있다. 한번은 스타벅스에 갔더니 '라떼아트와 함께하는 환경사랑 캠페인'이라는 이벤트가 붙어 있었다. 매장 머그잔으로 커피를 주문하는 고객에 한해 라떼아트로 커피를 예쁘게 디자인해 서빙하고, 머그 한 잔당 10원을 환경기금으로 적립해 지역사회 환경보호 활동에 쓰겠다는 내용이었다. 일찍이 "자본주의에 인간의 얼굴을 입혀라."고 했던 버나드 쇼의 말처럼, 사람들은 더 인간적이고 가슴 따뜻한 사회를 갈망한다. 자신의 소비가 환경보호에 일조하고, 어려운 사람들도 지원해주길 바란다. 아프리카에 신발을 지원하는 탐스슈즈의 성공도, 모피 의류의 인기가 하락한 것도 '착한 소비'에서 뿌리를 찾기 쉽다. 최근 기업의 사회적 참여는 가장 눈에 띄는 마케팅 중 하나다.

나는 대학에서 '마케팅의 대가' 필립 코틀러 교수에게 직접 마케팅의 4대 요소인 4P를 배웠다. 그 내용은 모두가 알다시피, 제품^{Product}, 가격^{Price}, 유통^{Promotion}, 홍보^{Promotion}다. 하지만 기능을 넘어선 감성의 시대가 된 지금은 이제 '5P'의 시대로 불러야 한다. 사람^{People}을 추가해야 하기 때문이다. 아무리 4P를 문제없이 실행했다고 해도 마지막 P인 사람을 배제한 활동은 좋은 평가를 받기 어려워졌다. 사람의 불편에 귀를 기울여서 그들을 치유할 수 있는 기회를 제공하는 것도 우리의 역할이다. 그러기 위해서 우리는 사람에 대한 무한한 관심을 가져야 하고, 관찰하는 동시에 밀접한 관계를 맺어야 한다. 결국 모든 일은 상대의 마음을 얻는 것이다. 물론 쉽지는 않을 것이다. 누군가의 불편을, 로망을 찾아내기 위해서는 꾸준한 노력이 필요하다. "보는 것과 관찰하는 것은 전혀 별개의 과정이지."라는 명탐정 셜록 홈즈의 대사처럼, 스쳐 지나가듯 보지 말고 관심 분야에 맞는 안경을 끼고 사람들을 지켜보자. 그러면 답이 보이게 되어 있다.

나는 다른 것을 본다

램프를 만들어낸 것은 어둠이었고,
나침반을 만들어낸 것은 안개였고,
탐험을 하게 만든 것은 배고픔이었다.

빅토르 위고

평가하기 전에
먼저 응원하라

오비맥주에 첫 출근하던 날이 아직도 기억에 생생하다. 마침 임직원 수련회 날이었다. 그 자리에서 정식으로 내 소개를 하게 됐다. 좋은 첫인상을 심어주고자 간간이 유머도 섞어가면서 이런저런 이야기를 이어갔다. 나는 내 자신을 '친 영업 진보 마케터'라는 말로 소개했다. 일부에서는 무슨 얘기인지 이해를 못하는 듯한 표정도 보였고, 또 일각에서는 의외라는 표정으로 웃어넘겼다.

대부분의 회사나 조직에서 영업과 마케팅은 같은 목표를 공유하면서도 대개 물과 기름의 관계로 지낸다. 나 역시 임원이 되기 전

나는 다른 것을 본다

까지 비슷한 갈등을 겪기도 했고, 서로 으르렁거리느라 진정한 협업을 모색하지 못한 과오를 저지른 적도 있다. 여러 일을 겪으면서 내부 소통과 협업의 중요성을 깨닫게 된 후, 내가 정한 포지셔닝과 행동전략이 바로 '친 영업 진보 마케터'였다. 조직 안에서 목표를 이루기 위해서는 무엇보다 내부의 지지가 우선시되어야 한다. 맥도날드와 피자헛 같은 프랜차이즈 업계에서 근무하면서 깨우친 것은 첫째가 현장의 중요성이었고, 둘째가 영업조직과의 유기적인 관계였다. 특히 수백 개의 직영점을 통해 직접 매출을 올리는 현장 영업팀은(프랜차이즈의 경우 매장운영팀) 내가 가장 머리 숙여가며 섬겨야 할 내부 고객이자 스승이라는 사실도 깨달았다.

치어리더가 진짜 리더다

임원이 되면서 '내부 협업'을 이끌어내는 리더의 역할에 더더욱 관심을 갖게 되었다. 흔히 리더는 타고나는 것이라고들 하지만, 나는 리더야말로 무한한 자기 단련을 통해 만들어진다고 믿는다. 아직 미완의 경영자이기에 리더십을 운운하는 것조차 부끄럽지만, 많은 이들이 경험해보지 못한 다양한 국가의 기업, 조직문화를 직접 체험하면서 터득한 바가 있다. 방랑기 많고 호기심 많은 천성 덕분에 지금껏 미국, 일본, 한국의 여러 학교와 기업을 경험했고, 각 나라의 문화적 특징이나 언어의 차이를 뛰어넘은 공통된 리더십을 접해왔다. 흔히 리더십 하면, '돌격 앞으로!'를 외치며 조직원을 밀어붙이는 '제왕적 리더십'이나 '나를 따르라'를 외치며 조직을 선봉에서 몰고 나가는 '솔선수범형 리더십'이 쉽게 떠오른다. 그러나 이런 관리와 통제의 리더십은 다양한 아이디어와 남보다 한 발 빠른 혁신이 요구되는 지금의 상황에서는 더 이상 효과적이지 않다. 오히려 직원들 뒤에서 '내가 돕겠다'며 아낌없는 지원을 제공하고 동기를 부여하는 '서번트 리더십'이 절실하다. 서번트 리더십은 말 그대로 '섬김의 리더십'으로, 다른 사람의 요구에 귀를 기울이고 남을 섬길 줄 아는 사람이 결국 리더가 될 수 있다는 의미다. 1977년 미국의 컨설턴트 로버트 그린리프가 주창한 것인데, 명령보다는 비전을 공유하고, 위계적이기보다는 양방향 소통을 추구하고, 권위적이기보다는 민주적이고, 통치하기보다는 조정으로 구성원들의 잠재력을 최대한 끌어내는 리더십 유형이라 할 수 있다. 슈바이처, 테레사 수녀, 마하트마 간디 등이 이에 해당하는 대표적인 인물일 것이다.

어떤 리더십이 위대한 것인지 단정하기란 쉽지 않다. 개인적으로 스티브 잡스를 존경하지만, 그와 같은 제왕적 리더가 되고 싶지

나는 다른 것을 본다

는 않다. 그렇다고 모든 리더에게 지금부터 권위와 기득권을 버리고 '하인'의 입장이 되어보라는 것도 쉽지 않은 주문이다. 그래서 이를 현대판으로 재해석한 것이 '치어리더'가 되라는 것이다. 군중을 한데 모아 목적에 맞게 힘을 모으고 하나의 목소리를 내게 하는 응원단장처럼. "리더는 양떼를 뒤에서 인도하는 목자처럼 조직원들이 이끌려 간다는 느낌 없이 리더를 따를 수 있게 한다."는 넬슨 만델라의 주장이 연상되기도 한다.

내가 7년간 몸담았던 세계적인 외식 프랜차이즈 그룹, '얌 브랜즈^{YUM Brands}'의 데이비드 노박 회장은, 그 누구보다 치어리더십을 몸소 실천해 회사의 성장을 견인한 리더다. 개인적으로 미주리대학교의 신문학과 선배이기도 한 그는 다양한 동기부여 및 칭찬문화 보급을 통해 조직의 성공과 회사의 성장을 이끈, 실천형 치어리더다. 그는 미국정부 측량사로 근무했던 아버지를 따라 이미 중학교 진학 전에 23개주에서 32곳의 트레일러 파크를 전전하며 생활했으며, 가장 참여적이고 탈권위적인 동네 형님과 같은 이 시대의 리더다. 대학 졸업 직후 연봉 7,200달러의 광고회사 카피라이터로 시작해 47세에 세계 최대 규모 외식그룹을 이끌기까지는, 그만의 탁월한 인간관계와 치어리더십이 결정적인 역할을 했다. 게다가 '얌'은 펩시에서 적자투성이이던 외식사업을 엄청난 부채까지 떠

안고 분사한 회사다. 노박 회장은 회사를 성장시킨 후에도 언제나 회사 로고가 새겨진 청색 와이셔츠 하나만 입고 전 세계 매장을 돌아다니며 직원들을 격려했고, 그들의 고민을 경청했다. 직원을 질책하기보다 늘 칭찬할 부분을 찾아 칭찬카드와 함께 포상하고, 가는 곳마다 감동적인 연설로 직원들의 동기를 부여한다.

　내 자신도 노박 회장에게서 배운 점을 실천하려 부단히 노력 중이다. 하지만 쉽지는 않다. 성격도 급하고, 나만의 생각도 많고, 고집도 센 사람으로서 부하직원의 의견과 아이디어를 중간에 간섭과 비판 없이 끝까지 경청하기란 매우 힘든 일이다. 그럴 때마다, 새로운 아이디어를 내기 위해 활용했던 '브레인 스토밍^{Brain Storming}' 세션을 떠올린다. 브레인 스토밍을 진행할 때는 참가자 모두가 '어떤 아이디어도 나쁜 아이디어는 없다'는 약속을 하고, 마지막 순간까지 어느 누구의 아이디어도 비난하지 않고 섣부른 판단도 하지 않는다는 원칙을 세운다. 될 수 있는 한 회의를 진행할 때도 내가 마치 '브레인 스토밍' 세션에 들어와 있다고 자기최면을 걸면서 앉아 있는다. 그렇게 회의가 끝나고 나면 가끔씩 팀장들이 와서 인내심이 대단하다고 이야기할 때가 있다. 직원들이나 협력사가 어딘가 부족한, 혹은 터무니없는 제안과 의견을 제시해도 중간에 중단하지 않고 끝까지 들어주고, 게다가 부족한 부분을 친절하게 꼼꼼히 설명

나는 다른 것을 본다

해주기까지 하니 인내심이 대단해 보이는 모양이다. 나 역시 부족함이 많은 인간인데 쉬울 리 없다. 하지만 중간에 끼어들어 질타하고 지적하기보다 끝까지 경청한 후에 부족한 부분을 다듬어주고 격려하는 과정에서 놀랄 만한 아이디어가 탄생하는 것을 종종 봐왔기에 가능한 일이다. 글로벌 기업에서의 오랜 근무 경험을 통해 나만의 독단적인 지시나 지적보다 개방적인 토의를 통한 의사결정이 훨씬 더 효율적임을 익혀온 덕분이기도 하다.

　오래전 한비자는 "삼류 리더는 자기의 능력을 사용하고, 이류 리더는 남의 힘을 사용하고, 일류 리더는 남의 지혜를 사용한다."는 가르침을 전했다. 리더는 자기 능력으로 성과를 만들어내는 사람이 아니다. 동료와 직원을 응원하여 지혜를 이끌어내는 존재가 리더다. 일을 하다 보면, '결국 모든 게 사람'이라는 생각으로 귀결된다. 모든 일은 사람에 의해 흥하기도 하고 망하기도 하며 성하기도 하고 쇠하기도 한다. 당연히 활력이 넘치는 사람들로 꾸려진 조직은 흥하고 성한다. 반면 활력이 사라진 조직은 망하기 쉽고 쇠퇴할 가능성이 높다. 아무리 지금 좋은 성과를 내더라도, 활력이 없는 조직은 이내 맥을 잃고 만다. 그래서 모든 위대한 리더들은 조직에 활력을 불러일으키는 노력을 아끼지 않는다. 조직에 활력을 불어넣는 건, 리더의 몫이기 때문이리라.

다름을 용인하라   —

얼마 전, 주주회의에서 신제품 출시를 위한 제안을 상정하고 발표한 적이 있다. 신제품을 출시해야 하는 배경, 시장 상황, 신제품의 특장점 등 1년여간 준비한 제품 아이디어, 패키지 디자인, 술의 맛 등을 뿌듯하게 발표했지만, 정작 주주들은 제품의 특장점보다 제품 출시와 관련된 투자와 수익, 손익 분기점, 현금 유동성, 기존 제품의 자기 잠식률 등에 더 큰 관심을 보였다. 서로의 입장이나 관점이 다르면 말하는 언어나 관심사도 다르다는 것을 새삼 깨닫게 되었다. 아무리 좋은 상품과 아이디어가 있어도 상대의 언어로 대화하지 않으면 팔기 힘들다. 소비자와 소통할 때도 핵심 타깃의 눈높이에 맞춰 그들의 언어로 풀어줘야 한다. 리더도 마찬가지다. 회사 내부에서도 비교적 덜 창의적이고 수치와 데이터를 따지는 관리부서나 주주들과 소통하려면, 그들이 무엇을 우선순위에 두는지를 이해하고 그들의 언어로 접근해야 한다.

조직은 서로 다른 사람들의 집합체다. 사모펀드 KKR 창업자 헨리 크래비스는 "나는 내게 반대할 수 있는 사람들을 원한다. 자신들이 생각하는 것을 두려움 없이 정확하게 말하는 사람, 설사 그것이 내가 듣고 싶지 않은 것이라 해도, 나는 바로 그런 사람들을 원한다."는 말로 서로 다른 구성원들의 필요성을 제기했다. 하지만 다르기 때문에 충돌이 생겨날 수밖에 없다. 이 충돌을 조정하는 것도 리더의 몫이다. 조직은 서로의 '다름'을 인정할 수 있어야 한다. 다르다고 하나가 되지 못하는 게 아니다. 공통된 비전을 공유한다면, 우리는 언제든 하나가 될 수 있다. 기획을 하는 입장에서는 현장과의 괴리를 실감할 때가 종종 있다. 책상에 가만히 앉아서, 언제나 역동적으로 움직이는(그래서 변수가 많은) 현장을 판단하기란 쉽지 않다. 반대로 현장이 우리의 기획과 전략을 이해하지 못할 때도 있다. 이렇게 다른 생각과 입장을 조율하는 최고의 방법은 스킨십이다. 자주 얼굴을 볼수록, 같은 곳을 바라보기 쉬운 법이다.

'친 영업 진보 마케터'가 되겠다고 선언한 후, 시간적으로나 신체적으로 쉽지는 않았지만, 나는 현장을 적극적으로 찾아갔다. 영업조직과도 끈끈한 유대관계를 갖기 위해 노력하고 있다. 전국 37개 지점을 방문하고, 매월 개최되는 권역 미팅에도 가급적 빠지지 않고 참석한다. 지점 방문 시에는 안건과 협의사항을 철저하게 경청한 뒤, 준비해 간 칭찬카드로 포상을 연다. 때로는 지역 상권에 나가 판촉행사도 함께하고 끝난 뒤에는 맥주를 마시며 정을 나눈다. 매장 주인들과 투박하지만 정감 어린 수다를 나누며 결국 우리의 비전이 크게 다르지 않음을 상기시킨다.

익숙한 길의 유혹에 빠지지 말라

상대의 언어로 이야기하는 것은 매우 중요하다. 가령 회의에서도 분명 멋지게 준비한 자료인데 도무지 무슨 말을 하는지 알 수 없을 때가 있다. 자기가 준비한 내용에만 신경을 쓰느라 상대가 던진 질문의 핵심을 놓치는 일도 빈번하다. 나는 후배들에게 가끔 파워포인트 대신 상대의 눈을 바라보면서 발표해볼 것을 권한다. 자기만의 방식이 아닌 상대의 언어로 소통할 때 한 차원 높은 영감을 얻을 수 있다. 상대의 언어로 이야기하고, 상대의 이야기를 경청하는 것, 이러한 과정을 겪으며 우리는 '다름'을 용인하게 된다.

모두가 응원받는 삶을 원한다. 아주 작은 응원 한마디가 좌절을 딛고 도약하게 만들 수 있다. 누군가의 응원을 통해 미처 발견하지 못했던 자신의 장기를 찾아내기도 한다. 하지만 요즘 보면 정작 상대를 응원하는 사람들이 점점 줄어들고 있는 것 같다. 혹자는 응원보다는 따끔한 지적이나 비판이 더 낫다고 말한다. 그래서인지 응원해주는 치어리더보다 팔짱 끼고 평가하는 존재인 평론가가 더 많아 보인다. 덕분에 우리는 날 선 평가가 두려워 어깨를 움츠리고, 매번 평가의 스트레스에서 허덕인다. 자신이 원하는 행동을 상대에게도 해줘야 한다. 당신이 받고 싶은 것은 진정 무엇인가. 날 선 평가인가? 아님 뜨거운 응원인가? 당신이 원하는 것을 상대에게 먼저 주어라. 리더인 당신이 먼저.

나는 다른 것을 본다

위대한 감독은 선수들로 하여금
자신이 생각하는 것보다
훨씬 더 우수한 선수라고 믿게 만드는
재주가 있다.
그는 선수들에게 자신이 그들을
믿고 있다는 사실을 알게 한다.
일단 자기가 얼마나 우수하다고
알게 된 선수는 자신의 최고 기량에
미치지 못한 경기에 만족하지
못하게 된다.

명예의 전당에 헌정된 야구선수, 레지 잭슨

'착한' 기업으로
남아라

　　세계가 열광하는 아이돌 엑소는
데뷔 전부터 소속사인 SM 엔터테인먼트에서 봉사활동을 시켰다고
한다. 이것도 하나의 마케팅인가 싶었는데, 꼭 그런 것만은 아니었
던 모양이다. 어린 나이에 데뷔하다 보니 인성교육의 필요성이 제
기됐고, 그런 차원에서 봉사활동을 시키자는 의견이 나왔다는 것이
다. 소속사는 이 경험을 계기로 멤버들이 성숙해진 것 같다는 평도
곁들였다. 의도적인 홍보는 아니었겠지만, '개념돌'을 선호하는 시
대적 흐름을 무시할 수 없는 것이 회사의 속내였으리라.

　　오비맥주도 이와 비슷한 경험이 있다. 대세 배우라 불리는 김수

현을 카스 모델로 기용했을 때였다. 광고에서 김수현은 친구들과 신나게 맥주를 마신 후 "프레쉬하게 즐기고, 개념 있게 리사이클할 시간!"이라고 외치며 빈 캔을 하나둘씩 모아 분리수거를 한다. 반응은 폭발적이었다. '김수현? 이젠, 개념 배우까지 등극!', '볼수록 멋지다!', '단순히 제품을 설명하는 것보다 좋다!'라는 호평이 이어졌다. 사실 대학가를 돌아보면 맥주를 마신 후에 알아서 분리수거까지 하는 젊은 친구들을 흔히 볼 수 있다. 나는 이 광고를 통해 젊은 세대의 진정성을 보여주고 싶었다. 젊은이들만의 신선하고 새로운 생각을 끊임없이 제품에 담아내는 것이 카스의 브랜드 정신이기 때문이다.

입소문의 힘, 스토리

김수현이 다 마신 맥주캔을 치우는 광고는 맥주 맛과는 아무런 관계가 없다. 하지만 분명 카스의 이미지와는 관련이 있다. 이제는 제품이 얼마나 좋은지보다, 얼마나 멋진지를 알리는 시대다. 마트에서 물건을 고를 때 물건 뒤에 붙은 품질보증서를 확인한 적 있는가? 아마 아주 특별한 제품이 아니고서는 굳이 품질을 체크한 기억이 거의 없을 것이다. 대신 상표를 보고 구매를 결정한다. 브랜드를 보지 않고 물건을 고르는 것이 거의 불가능할 만큼, 우리는 품질이 아닌 브랜드를 깊게 신뢰한다. 어쩌면 의존한다. 미국 컬럼비아 대학의 모리스 홀브룩 교수와 엘리자베스 허시먼 교수에 따르면, 자동차나 고가의 전자제품 등 상품을 구매하기 전 고민을 많이 하는 고관여 상품일수록 상품의 속성이나 편익보다는 감성적인 이유로 구매를 결정한다고 한다. 좌뇌는 언어, 논리, 이성을 관장하고, 우뇌는 시각, 직관, 감성을 관장한다. 제품의 가격이나 기능, 편익을 강조하는 것이 좌뇌 마케팅이라면, 이제 좌뇌만을 자극해서 고객의 마음을 움직이기는 쉽지 않다.

소비자들에게 감성적으로 호소할 수 있는 가장 좋은 방법은 기업의 브랜드 스토리를 활용하는 것이다. 이미지가 좋은 브랜드일수록, 성공한 브랜드일수록, 대중이 푹 빠져들 만한 스토리를 통해 끈끈한 유대관계를 맺는 데 탁월하다.

기업으로서의 오비맥주는 흥망성쇠의 스토리가 있다. 1933년 창립 이후 줄곧 부동의 1위를 달리던 기업이 모기업의 낙동강 페놀 유출사건과 경쟁사의 깨끗한 '물' 마케팅으로 1997년 시장 1위 자리를 내준 후 끝없는 쇠락의 길을 걷다가, 15년 후인 2012년에 재역전의 신화를 쓴 것이다. 얼마나 드라마틱한가? 세계적 에너지 음료 '레드불Red Bull'의 스토리도 흥미진진하다. 레드불은 에너지 드

나는 다른 것을 본다

링크를 대표하는 최초의 제품이 아니다. 태국의 '크라팅다엥'이라는 어려운 이름의 제품이 바로 레드불의 시초다. 태국 여행 중 이 제품을 보고 사업을 구상한 오스트리아의 디트리히 마테쉬츠가 '크라팅다엥'을 레드불로 만들어 판매하기 시작한 것이다. 더 재미있는 사실은 '크라팅다엥'이 전혀 새로운 제품이 아니라, 한국의 '박카스'와 일본의 '리포비탄'이라는 자양강장제를 재료로 만들었다는 점이다. 에너지 드링크인 레드불의 탄생비화는 왠지 신비롭게 느껴진다.

　브랜드뿐 아니라 사람도 스토리가 있는 사람을 선호한다. KBS TV 〈아침마당〉이 오랫동안 중년층의 사랑을 받아온 것은 출연하는 사람들의 인간미가 배어나는 스토리 때문일 것이다. 〈강연 100도씨〉도 마찬가지다. 청중들은 인생의 밑바닥까지 내려가 피눈물 나는 고생을 겪은 후 인생역전을 일궈낸 연사의 스토리에 귀를 기울이고, 감동적인 대목에선 함께 눈물까지 흘린다. '세상을 바꾸는 15분'이라는 뜻의 일명 '세바시'는 스토리를 파는 방송으로 자리 잡은 지 오래다. 이런 현상은 단지 국내만의 트렌드는 아니다. 미국의 인기 앱 App 'TED'의 18분 명사 강의는 국내에서도 못지않은 인기를 자랑한다. 오늘날 대중은 스토리에 목말라 있고 함께 감동을 느끼고 싶어 한다.

진정성은 힘이 세다 ─

브랜드 스토리를 전할 때 가장 중요한 것이 바로 '진정성'이다. 아무리 재미있는 이야기라 해도 진정성이 담겨 있지 않으면 허사다. 한때 시대를 풍미한 프로레슬링의 인기가 하락한 것도 짜여진 각본에 의해 만들어졌다는 이유 때문이었다. 그렇다면 어떻게 해야 나의 브랜드를 진정성 넘치는 '진품'으로 어필할 수 있을까? 과다 정보, 아니 거의 무한한 정보에 노출된 소비자들은 상업적인 메시지에 이골이 나 있다. 이럴 때일수록 제품의 화려한 포장이나 그럴싸한 광고 메시지에 치중하기보다 고객과의 약속을 지키며 진실성 있게 소통하고 다가가려는 자세가 필요하다.

김수현의 카스 광고 역시 이러한 자세와 뿌리를 함께한다. 카스는 원재료에서부터 제조 공정, 포장 공정, 배송 처리에 이르는 전 과정에서 친환경을 구현하고 있다. 따라서 광고에서도 미래를 책임질 젊은이들이 생활에서 환경보전을 몸소 실천하는 모습을 보여주려 한 것이다.

공장별로는 친환경 공정을 구현하고자 '그린 세이빙 프로젝트'를 통해 온실가스 배출 감축에 앞장서고 있다. 2010년부터 본격적으로 자연과 환경을 생각하는 기업을 표방하며, 녹색정신을 구현해온

나는 다른 것을 본다

것이다. 같은 맥락에서 황사 방지를 위해 몽골 내 카스 판매금액의 1%를 몽골 '카스 희망의 숲' 조성사업에 투자 중이다. 2010년부터 시작된 이 사업은, 사막화가 진행되고 있는 타워 아이막 에르덴솜에 15만 그루의 나무를 심는 대규모 환경 개선 프로젝트다. 이러한 활동을 통해 동북아시아 황사 발생량의 50%를 차지하는 몽골의 사막화를 국내외적으로 이슈화한 동시에, 제1의 수출국인 몽골에 한국의 긍정적인 이미지를 심어주었다는 점에서 호평을 받았다. 다만 이러한 사실을 굳이 드러내놓고 알리고 싶진 않았다. 아무리 진정성 넘치는 메시지라도 앞장서서 말하는 순간, 퇴색되기 때문이다. '카스 리사이클' 광고는 티나지 않게 브랜드의 진정성을 알리려는, 작은 메시지로 해석해도 좋을 것이다.

"신뢰가 경쟁력이다. 신뢰를 얻으려면 소통을 통해 소비자의 사고, 감성, 영혼에 호소해야 한다." 내 은사이기도 한, 노스웨스턴 대학교 경영대학원 필립 코틀러 교수의 주장이다. 나는 이 문장에 마케팅의 모든 목적과 행위가 함축되어 있다고 믿는다. 다만 과거에는 계몽과 설득, 논리를 펼치는 소통이었다면, 이제는 참여와 경험 공유, 공감이라는 소통으로 모습을 바꿨다. 고객들과의 거리가 가까워지면서, 문제가 생기면 해결하는 기업의 방식도 달라졌다. 과거에는 기업에 문제가 생기면 어떻게든 조용히 덮으려는 것이 일반적이었다. 사람들의 눈총과 비난이 무서웠기 때문이다. 하지만 손으로 하늘을 가릴 수는 없는 법. 잘못이나 실수보다 거짓을 더 싫어하는 게 사람의 심리다. 한때 떠들썩했던 카드정보 유출사태만 해도, 사건의 피해나 전말보다 몇 달 동안 정보가 유출된 사실을 알면서도 방치해온 카드사의 행동에 사람들은 더 큰 충격을 받았다. 아무리 치명적인 실수와 과오라 해도 먼저 고백하며 신속한 대응을 약속해야 옳다. 위기에 처했을 때의 행동을 보고 사람의 진면목을 알 수 있다고 했던가. 기업도 마찬가지다. 위기에 대응하고 문제를 해결하는 과정에서 오히려 진짜 신뢰를 회복할 수 있다.

2013년 7월, 오비맥주는 OB골든라거 일부 제품의 자발적 리콜을 단행했다. 생산현장 직원이 실수로 발효탱크 세척용으로 사용하던 식품용 가성소다 희석액을 발효 중인 제품에 극소량 투입한 사건 때문이었다. 농도측정 결과 인체에 전혀 무해한 것으로 판정되었고 외부에선 아무도 알 수 없는 일이었지만, 나를 포함한 경영진은 마음이 편치 않았다. 괜한 위기를 만들지 말자는 목소리도 존재했다. 기업의 잘못을 먼저 알리는 건 쓸데없는 일이요, 쓸모없는 행동에 불과하다는 의견도 많았다. 하지만 쓸데없는 일과 쓸모없는 행동에도 명분이 존재하는 법이다. 우리에게는 쓸데없어 보이고,

나는 다른 것을 본다

쓸모없게 여겨지더라도 고객을 위해서라면 해야 한다. 이해관계에 얽매일 필요도 없다고 생각했다. 결국 우리는 고객들에게 솔직히 고백하기로 마음먹었다. 중요한 건 진정성이지 않느냐고, 마음속 으로 몇 번이나 되뇌었다.

그 결과 도저히 말로 표현할 수 없을 정도의 호된 꾸지람을 듣게 됐다. 생전 가볼 일이 없을 거라 생각했던 국정감사에까지 출석해야 만 했다. 엄청난 금전적 손실은 물론이요 온갖 창피한 소리를 5개월 동안이나 들었다. 무엇보다 고객에게 죄송한 마음을 감출 수가 없 었다. 하지만 시간이 지나자 차츰 우리 얼굴에도 미소가 보였다. 마음은 홀가분했고, 반대급부로 얻은 것도 많다. 좋은 품질의 맥 주를 만들겠다는 소비자와의 약속을 철저하게 지키겠다는 전 직원 의 의지가 공고해졌기 때문이다. 비록 아픈 매는 맞았지만 모두가 한층 성숙해진 느낌이었다. 다행스럽게도 시장점유율에서는 큰 변 화가 보이지 않았다. 진정성이 만든 결과라 믿고 싶다.

약속은 슬로건이 아니다

이탈리아의 파스타 기업 '바릴라'의 좌우명은 "네 아이에게 먹일 음 식을 만들어라."라고 한다. 음식과 연계된 사업을 하는 기업이라면 반드시 새겨들어야 할 목소리일 것이다. 지금까지 우리가 '왜Why'에 대해 집착해왔다면, 이제는 '왜'가 아닌 '어떻게How'도 고민해야 할 시기가 아닌가 싶다. 우리가 가진 진정성을 어떻게 표현할지가 승부의 관건이 되고 있다는 뜻이다.

오비맥주의 주요 브랜드에는 각각의 약속이 존재한다. 카스는 '청량하고 신선한 맛', OB골든라거는 '깊고 풍부한 맛', 카스라이트는 맥주 본연의 맛은 유지한 채 '칼로리를 낮춘 기능'에 충실하는 것이다. 하지만 약속은 슬로건으로만 작용해선 안 된다. 이 메시지를 충실히 이행해야 하며, 어떻게 진정성 있게 보여줄 수 있을지도 고민해야 한다. 우리는 약속을 지키기 위해 유통과정에 엄청난 체질개선을 단행했다. 모든 식음료는 갓 만들어낸 것이 가장 맛이 우수하고, 유통기한이 짧을수록 그 신선함은 배가된다. 맥주를 제조일로부터 수일 내에 마시게 되면 생맥주를 마시는 것과 유사한 신선함을 느낄 수 있다. 그런데 과거에는 월별 실적 달성을 위해 매월 말 과도하게 물량을 밀어내는 일이 존재했다. 우리는 이를 반성하며 불필요한 재고가 시장에 적체되지 않도록 주의를 기울였다. 그 결과 오비맥주의 제품은 전국 대부분의 업소와 점포에서 생산일로부터 한 달 이내의 제품들만 주로 유통되고 있다. 더욱이 여름 성수기에는 생산일로부터 이틀이 채 지나지 않은 물건들까지 유통

나는 다른 것을 본다

되었다. 우리의 노력은 여기서 끝나지 않았다. 오랜 실험 끝에 병 뚜껑을 '후레쉬 캡'으로 바꾸었는데, 이는 제품의 밀봉력을 높여서 산화를 방지하고, 맥주 맛을 신선하게 유지하며, 제품 개봉 시 샴페인과 흡사한 정도의 청량한 소리를 내도록 만든다.

아울러 OB골든라거는 최고의 맛을 만들기 위해 추가 비용을 감수하면서도 100% 몰트와 독일산 아로마 호프까지 첨가했다. 카스라이트도 소비자들이 가볍고 부담 없이 즐길 수 있도록, 맥주 맛은 유지한 채 칼로리를 여타 맥주 대비 33%로 낮춰 제공하고 있다. 이모든 것이 각각의 브랜드가 표방하는 소비자와의 약속을 지키려는 노력이다. 우리는 회사의 기업문화인 'PRIDE'를 회사의 슬로건처럼 사용하고 있는데, 그중 'E'는 기업의 사회적 책임과 윤리경영을 의미하는 Ethics의 이니셜이다. 주류회사로서의 책임을 다하고 나눔과 섬김을 기업의 이념으로 하겠다는, 우리만의 진정성이다.

작은 일을 바르게 해라.
그러면 큰일은 저절로 잘 굴러갈 것이다.
조 패터노 전 펜실베이니아 주립대(펜스테이트)
미식축구팀 감독

모든 걸 바꾸되,
아무것도 바꾸지 마라

1990년대 초, 맥도날드의 글로벌 광고를 담당하던 광고대행사 레오버넷에서 실제 있었던 일이다. 레오버넷은 '미국 내 비만 성인남녀의 치즈 소비행태'를 조사하기 위해 10명의 비만 남녀들을 초대해 소비자 좌담회를 진행했다. 그들은 시장조사가 소비자들의 마음을 가장 분명하게 읽을 수 있는 방법이라 믿었을 것이다. 좌담회 참석자들은 한 목소리로 치즈버거 등 기름진 패스트푸드가 비만의 이유였다고 고백했다. 그리고 자신들은 비만을 피하기 위해 이런 음식들을 극도로 자제하고 있다고 2시간 내내 밝혔다. 레오버넷의 담당자들은 모두 만족한 듯

미소를 지었다. 자신들이 예측한 그대로 소비자들의 의견이 모아졌기 때문이다. 맥도날드는 당연하게도 이 결과를 토대로 메뉴를 개편할 예정이었다. 그런데 놀라운 일이 벌어졌다!

좌담회가 끝나고 점심시간이 되자, 모든 참석자들은 아무런 망설임도 없이 건물 1층에 위치한 맥도날드로 모여들었다. 참가비 100불로 그들이 선택한 메뉴는 치즈가 가득 들은 치즈버거와 기름진 음식들이었다. 모두 만족스러운 얼굴로 치즈버거를 먹고 있는 그들의 모습에 레오버넷의 담당자들은 아연실색할 수밖에 없었다. 그들은 진짜 속마음을 말하지 않았다!

그들은 진실을
말하지 않는다 ─

맥도날드에 가면 해피밀이라는 메뉴가 있다. 아이들을 위한 메뉴인데, 맥도날드 하면 가장 먼저 떠오르는 것 중 하나가 해피밀일 정도로 그 인기는 대단하다. 메뉴에 포함된 햄버거나 감자튀김이 유독 맛있어서는 아니다. 바로 메뉴에 포함된 장난감 때문이다. 맥도날드는 전 세계적으로 수백에서 수천에 이르는 (적절한 기능의) 장난감을 공동 구매하여 경쟁사들이 쫓아올 수 없는 저렴한 가격으

나는 다른 것을 본다

로 해피밀에 세트로 포함해 제공한다. 디즈니, 픽사, 드림웍스 등 최첨단 헐리우드 스튜디오의 애니메이션이나 비디오 게임의 캐릭터로 만든 해피밀 장난감은, 아이들에게 햄버거를 먹는 즐거움 이상의 것을 선사하기 위해 준비된 메뉴다.

그런데 맥도날드에 근무할 당시, 매장에서 재미있는 현상을 목격하게 되었다. 한마디로 표현하자면 메뉴 이름은 해피밀인데 전혀 해피하지 않은 상황이었다. 대개 아이들은 엄마를 졸라 맥도날드에 온다. 아이들에 대한 모성애가 남다른 한국 엄마들은 맥도날드에 가자는 아이들의 요청을 그리 탐탁하게 여기지 않는다. 아무래도 아이들이 패스트푸드나 탄산음료를 먹기보다는 몸에 좋은 과일, 야채, 주스, 우유 등을 골고루 섭취하길 바라는 것이 엄마의 마음이다. 하지만 잘 알다시피 어디 그게 뜻대로 되는 일인가. 아이들의 성화를 이기지 못하고 맥도날드에 와서 해피밀을 주문한 엄마들은 아이가 음식을 다 먹을 때까지 앞에 앉아서 기다린다. 하지만 정작 아이는 방금 손에 넣은 최신 해피밀 장난감에 빠져 햄버거 따위에는 관심을 보이지 않는다. 기다리다 지친 엄마는 무료한 나머지 아이가 손도 대지 않은 감자튀김 몇 개를 먹는다. 순간 아이는 그런 엄마를 바라보며 갑자기 울음보를 터뜨린다. 자기 감자튀김을 엄마가 먹어버렸다는 것이다. 아이의 눈에는 엄마가 이상하게 보일 것이다. 처음엔 맥도날드에 오려고 하지도 않던 엄마가 자기 것까지 빼앗아 먹으니 그럴 수밖에. 이 어찌 행복의 순간이라 할 수 있을까? 분명 아이도 엄마도 제대로 짜증나는 상황이다.

2003년, 이런 갈등을 해소하기 위해 해피밀의 메뉴가 보강되었다. 기존의 탄산음료 외에도 주스, 우유, 요구르트, 생수 등이 추가되었고 심지어 과일을 컵에 담아 선택 메뉴로 제공했다. 물론 아이들이 원한 것은 아니었다. 아이들을 매장까지 데려와야 하는 엄마들의 마음과 정신적 만족을 위해서, 즉 엄마들의 죄스러운 마음을 최소화하기 위해서였다. 이에 그치지 않고 아이가 음식을 다 먹을 때까지 엄마들의 지루함을 달랠 메뉴도 보강했다. 그 대표적인 메뉴가 커피이고 그 밖에 다양한 디저트 메뉴도 제공되었다. 최소한 해피밀을 둘러싼 아이와 엄마의 갈등은 많이 해소되었다.

첨단 과학보다 알기 어려운 게 사람의 마음이다. 처음 해피밀이라는 메뉴를 개발했을 때는 이러한 소비자들의 심리까지 예측할 수 없었을 것이다. 어떨 때는 내 마음도 모르겠는데 다른 사람들 마음까지 꿰뚫어보는 게 쉬울 리 없다. 그렇다고 손 놓고 바라만 볼 수도 없는 일. 그래서 우리는 최대한 고객의 마음을 알기 위해 '시장조사'라는 카드를 꺼내든다. 하지만 앞의 레오버넷 사례에서 보듯이, 소비자들은 또 한 번 우리를 당황하게 한다. 거짓말을 하는 것은 아니다. 그들이 좌담회에서 치즈를 줄일 거라고 대답한 것은 진심이었을 것이다. 다만 실제 행동이 그에 따라주지 못했을 뿐. 생각해보라. 우리 역시 하루에도 몇 번씩 모순된 행동을 저지르지 않는가. 이른 아침 두둑해진 뱃살을 붙잡고 "오늘부터 다이어트 시작이야!"라고 외치고서는 결국 저녁에 치맥을 먹으러 향한다. 매년 1월 1일 금연을 선언하고도 팜므파탈 같은 담배의 유혹에서 쉽게 벗어나지 못한다. 소비자들의 머릿속에는 수많은 줄기의 생각이 존재할 터. 그들이 말하지 않는 생각까지 읽어내는 것이 우리의 역할이자 사명이다.

세상은 전광석화처럼 빠르게 변화한다. 놀랍게도 사람들의 마음은 그보다 더 빨리 변한다. 자기 스스로도 알아차리기 어려울 만큼. 그런데 아이러니하게도 그런 변화무쌍한 소비자들을 대하는 우리의 자세는 교과서 같은 '원칙'에 머물러 있을 때가 많다. SWOT분석과 STP만으로 모든 게 뜻대로 순탄하게 풀릴 거라 오판한다. 사회는 학교가 아니다. 기획과 마케팅은 실습시간이 아니라는 소리다. 사회에서 원칙을 몰라서 실패하는 경우는 거의 없다. 성공하지 못하는 대부분의 이유는 원칙을 제대로 응용하지 못하고, 지나치게 원칙 중심으로 사고하기 때문이다. 그렇다고 교과서를 버리라는 게 아니다. 교과서적 원칙을 기본으로 시장 상황과 소비자에 맞게끔 변형하는 유연성을 갖추라는 얘기다. 교과서에 실린 내용을 숙지했다면, 이제 교과서를 덮고 좀 더 유연한 자세로 세상과 마주하길 바란다. 눈앞에 하얀 도화지가 펼쳐져 있다고 생각해보자. 도화지를 훼손한다면(정체성을 잃어버리면) 문제가 되겠지만, 그렇지 않은 범위 내에서는 도화지에 무엇을 그려도 좋다.

코카콜라, 맥도날드, IBM… 이름만 들어도 누구나 동일한 이미지를 떠올릴 수 있는, 세계 제일의 브랜드 가치를 지닌 브랜드다. 하지만 가만히 들여다보면 일관적인 이미지 뒤에는 유연성이 담겨있다. 코카콜라 라벨, 브랜드 로고, 광고 캠페인, 슬로건 등은 언제나 변화한다(코카콜라는 소치올림픽 때 코카콜라라는 브랜드명까지 지우는 과감한 프로모션을 진행하기도 했다). 일관성이라는 덫에 빠져서는 안된다. 이때 일관성은 변하지 않는다는 뜻이 아니라, '잃지 않는다'라는 의미로 해석하는 게 옳을 것이다. 브랜드 정체성, 즉 소비자와 맺은 약속을 지키되, 시장 상황과 소비자 기호에 맞추어 지속적으로 변화해야 한다. 유연성과 일관성은 언제나 함께하는 파트너와 마찬가지다. 자신의 정체성과 약속을 잊지 않고 끝없이 변신하는 것이 우리의 숙명이자 '업'이다.

나는 다른 것을 본다

반드시 변해야 할
순간은 온다 ㅡ

2005년, 피자헛에서 '빅4'라는 네모난 모양의 피자를 출시했다. 큰 사각형 모양의 피자를 4가지 맛으로 사등분해서 나눠 먹을 수 있다는 것이 포인트였다. 한 가지 맛을 가진 기존 피자와 달리 4가지 다양한 토핑을 한 번에 먹을 수 있다는 게 핵심 장점이었다. 일석사조의 기쁨이라고나 할까. 실제 이 피자는 미국에서 이미 '4 for All'이란 이름으로 공전의 히트를 쳤던 상품이다. 미국인들은 자신이 원하는 토핑 4종을 마음대로 골라 먹을 수 있다는 사실에 대단히 만족했다. 하지만 한국 시장에서 '빅4'는 성공을 거두지 못했다. 아니, 보기 좋게 실패했다. 한국 사람이 다양성을 싫어해서일까? 그렇진 않을 것이다. 피자헛은 이 성공적인 제품을 한국 시장에 도입하면서 치명적인 실수를 저질렀다. 일단 한국 소비자들의 습성을 충분히 고려하지 않았다. 한국 사람들은 귀찮은 것을 싫어한다. 4가지 토핑을 갑자기 고르라고 하면 무엇을 먹어야 할지 당황하는 게 보통이다. 그저 모듬파전처럼 모든 재료가 다 들어가 있는 콤비네이션 피자를 더 선호한다. 더 큰 실수는 제품의 핵심 가치를 훼손한 것이다. 피자헛은 토핑 선택권을 전체로 넓히면 매장 운영상 피자를 효율적으로 생산하기 힘들다는 이유에서 미리 정해진 4가지 토핑만을 제공했다. 결과적으로 한국 소비자들은 4가지 토핑을 자기 취향대로 골랐던 미국 소비자와 달리, 4가지 토핑이 정해져 있는 한 가지 피자를 구매해야만 했다. 4가지 토핑 중에서 원하지 않는 토핑이 하나만 있어도 주문할 이유가 없었다.

아무리 좋은 선물도 상대가 싫다고 하면 어쩔 수 없는 법. 마찬가지로 아무리 훌륭한 제품이나 서비스라도 시장과 문화, 그리고 소비자에 맞춰 유연성을 발휘하지 못하면 사장될 수밖에 없다. 영화 〈올드보이〉가 미국에서 리메이크되기 전, 어느 기자가 박찬욱 감독에게 질문을 던졌다. 미국의 리메이크가 원작을 뛰어넘을 수 있겠냐는 우문이었다. 그러자 박찬욱 감독은 미소를 지으면서 현답을 내놓았다.

"뛰어넘느냐의 문제는 아니에요. 얼마나 미국화를 시켰는지가 쟁점이죠."

디즈니의 애니메이션은 언제나 멋진 OST와 함께하는 것으로 유명하다. 특이한 점은 개봉 국가에 맞춰 항상 더빙 버전을 발매한다는 것. 최근 개봉한 〈겨울왕국〉의 경우 무려 24개국의 더빙 버전을 내놓았고, 한국에서는 가수 효린의 버전으로 재탄생됐다. 언뜻 생각하기엔 그렇게까지 해야 할까, 싶은 대목이다. 영어 버전으로도

나는 다른 것을 본다

충분히 우리의 귀를 만족시킬 수 있기 때문이다. 하지만 이는 팝에 익숙하지 않은 어린 관객들을 고려한 시도다. 애니메이션의 실제 관객인 아이들을 배려한 디즈니만의 전략인 셈이다. 세계 시장을 정복한 영화가 한국 시장에서는 실패하는 일도 허다하다. 거꾸로 국내에서는 최고의 인기를 끌었던 제품이 세계에 나가서 참패하기도 한다. 이유는 단 하나, 현지화에 실패했기 때문이다.

피자헛에도 로컬화, 현지화로 성공한 메뉴가 있다. 바로 리치골드다. 고구마와 치즈가 잘 어우러진 이 피자는 단맛과 짠맛을 좋아하는 한국인의 입맛을 고려한 제품이다. 당연히 대성공을 거두었고, 한국 피자헛의 효자 상품으로 굳건히 자리매김했다.

'내 일'이 아닌
'내 업'을 가져라

맥도날드 창업자 레이 크록은 생전에 "미래의 맥도날드에서는 어떤 제품을 팔고 있을 것으로 생각하냐?"는 질문을 받고 "솔직히 무엇을 팔고 있을지 잘 모르겠으나, 확실한 것은 남보다 더 많은 양의 제품을 더 잘 팔고 있을 거다."라고 대답했다. 맥도날드는 지금도 '남보다 더 많은 양'을 더 잘 팔기 위해 지금도 남보다 더 빨리,

값싸게, 편리하게, 적당한 품질의 제품을 준비하고 판매한다. 지금은 햄버거와 감자튀김이 대표적인 메뉴이지만, 창업자 레이 크록은 단 한 번도 맥도날드에서 햄버거만 팔아야 한다고 생각한 적이 없다. 그것이 바로 맥도날드라는 브랜드의 정체성이다. 맥도날드는 브랜드의 핵심가치인 '더 빨리, 더 값싸게, 더 편리한 제품을 제공하자'는 정체성을 지키면서도, 그 약속을 지키기 위한 수단인 제품, 패키지, 광고, 디자인 등은 지속적으로 바꾸며 진화해왔다. 브랜드의 정체성을 일관되게 지켜야 하는 이유는, 그래야만 자신의 사업을 장기적인 관점에서 해석할 수 있기 때문이다. 과거를 돌이켜보면 그러한 기업들만이 지속적인 성공을 지켜왔음을 알 수 있다. 스타벅스는 커피만이 아니라 고객에게 휴식과 편안함을 제공하는 제3의 공간을 팔기 위해 노력했고, 제록스의 목적은 복사기가 아닌 사무실 효율성을 향상시키는 것이었다. 시대를 풍미했던 사진잡지 〈라이프〉의 모토는 그야말로 거대한 이상으로 표현되어 있다. "세상을 보고, 무수한 장애물을 넘어, 벽을 허물고, 더 가까이 다가가 서로를 알아가고 느끼는 것. 그것이 바로 우리가 살아가는 인생의 목적이다."

자신들이 하는 사업의 정의를 인생으로 풀어낸 것이다. 얼마나 탁월한가. 오비맥주가 하는 일은 시간과 연계돼 있다. 맥주를 파는 것을 뛰어넘어 고객에게 즐거운 시간을 제공하는 것이 우리가 내세우는 업의 정의다. 그래서 맥주체험관을 만든 것이고, 다양한 콜라보레이션을 시도했으며, 카스포인트와 같은 프로모션도 전개할 수 있었다. 카스의 핵심 가치인 '익사이팅한 젊음'을 지키되, 지속적으로 제품 이미지와 커뮤니케이션 메시지를 바꿔나가는 노력이다. 시대의 변화가 빨라지고 소비자의 입맛이 까다로워지고 다양해질수록, 눈앞의 이익, 그 이상을 내다봐야 한다. 단기적 판매에만 치중하지 않고 장기적으로 소비자와 관계를 맺기 위해 최선의 노력을 다해야 할 것이다. 그러기 위해 필요한 것이 바로 '업의 가치이자 개념'이다. 그러한 업의 가치는 타인이 만들어주는 게 아니다.

미켈란젤로가 시스티나 성당의 벽화를 그릴 때 청소를 돕던 청년이 했다는 이야기는 아직도 유명하다. 그는 당당하게 자신의 업에 대해 이렇게 정의했다고 한다.

"나는 시스티나 성당의 벽화를 그리고 있다!"

아무리 거센 바람이 불어도 뿌리가 단단하면 줄기는 마음껏 바람에 몸을 맡길 수 있다. 정체성을 잃지 않고 핵심 가치를 일관되게 지켜내면, 얼마든지 유연해질 수 있다. 유연성과 일관성은 하나의 뿌리로 연결된다. 유연성과 일관성은 우리가 반드시 잡아야 할 두 마리 토끼다.

경주마는
단순히 골인 지점만 보고 달립니다.
반면 야생마는 가야 할 곳이 어딘지
피할 곳이 어딘지 끊임없이 생각하고
때로는 천천히 달리기도 하지요.
경주마는 달리기 위해 생각을 멈추지만
야생마는 생각하기 위해
달리기를 멈춥니다.

하워드 스티븐슨 하버드대 명예교수,
〈위클리비즈〉 2013년 3월 30일

나는 다른 것을 본다

달라지고 싶은
당신을 위한 조언

　　　　　　　　　　　언젠가 한 부하직원이 내게 사직
을 통보해왔다. 건방진 자세로 사직서만 달랑 보냈더라면 고민 없
이 이별을 고했을 테지만, 그는 매우 정중했고 진지했다. 그리고 매
우 예의 바른 태도로, 앞으로 자신의 행보에 대해 조언을 구했다.
하고 싶은 이야기가 없지는 않았다. 그러나 회사를 떠나는 이에게
뭐라 말하는 것은, 아무리 먼저 청해왔다고 해도 그리 쉬운 일은
아니다. 그날 내가 한 일은 그의 이야기를 듣는 게 거의 전부였다.
그가 관두고 난 후 이 책을 쓰면서 후배들에게 해주고 싶은 이야기
가 가슴 한 쪽에 차오르기 시작했다.

실행이 곧 완성이다 ——

얼마 전 친구들을 만날 기회가 있었다. 친구들은 종종 내게 "설마 네가 진짜 그걸 할 줄 몰랐어."라는 이야기를 한다. 의견을 낼 수는 있지만 그걸 직접 실행에 옮기는 사람은 드물다는 것이다. 나 역시 수많은 직원들과 함께 일해오면서 느낀 것은, 기발한 아이디어를 내는 친구들은 많지만 정작 그 일을 완성하는 친구가 많지 않다는 점이다. 회사는 직원에게 '답'을 가져오라고 말하지만, 정답을 가져오길 바라면서 그런 말을 하는 것은 아니다. 여기서 말하는 답은 결국 '끝까지 해내는 힘'일지도 모른다. 뭐가 됐든, 조금 부족하더라도 끝까지 해내는 것. 감히 말하자면 요즘 친구들에게는 그러한 점이 부족해 보인다. 실행에 옮기지 못한 아이디어는 단순한 공상에 불과하다. 혁신적인 아이디어를 가지고 있다는 것과 그 아이디어를 현실화할 수 있다는 것은 전혀 다른 문제다.

내 자랑 같지만 나는 어렸을 적부터 호기심이 남다른 편이었다. 고등학교 1학년 때 집 근처에 새로운 레스토랑이 문을 열었다. 누나와 함께 가본 후 그 집이 마음에 들었던 나는, 다음 주에 어머니를 졸라 그 집을 다시 찾았다. 어머니에게 레스토랑 주인 아주머니를 소개하며 내가 대뜸 한 말은, 우리가 이 레스토랑의 2호점을 내자는 얘기였다. 자세히 기억나진 않지만 장사가 잘될 것 같다는 '촉'을 느꼈던 것 같다. 현실로 이뤄지지는 않았지만, 오픈한 지 일주일만에 그런 제안을 전해 들은 주인 아주머니가 뛸 듯이 기뻐했던 기억이 생생하다. 그 레스토랑이 바로 1984년에 문을 연 카레 전문점 델리^{Deli}다. 비슷한 에피소드가 또 하나 있다. 1991년부터 1년간 일본 동경의 조치^{上智}대학교에서 교환학생으로 공부한 경험이 있다. 처음 접한 일본 문물은 눈이 돌아갈 정도로 신기하고 흥미진진했다. 그중 단연코 눈에 띄는 것은 '가라오케 박스'라 불리는 초소형 노래방 공간이었다. 당구장이나 쇼핑몰 등의 남는 공간에 조그마한 유리박스를 설치한 것이었는데, 사람들이 그 안에서 노래방 기계를 이용해 노래를 부르고 있었다. 방학 때 한국에 돌아와 내가 본 것을 어머니께 말씀드렸고, 당시 사업을 하던 매형이 사업성을 검토하기 위해 직접 일본에 다녀오기도 했다. 하지만 직접 실행하는 데 생각보다 기술적 어려움이 많다는 사실을 알게 되었고, 학생 신분으로 이에 전념할 수 없어 잠시 관심을 딴 데로 돌렸다. 그로부터 약 2년 후 우리나라에도 노래방 붐이 불기 시작했고 그 명맥은 지금까지 이어지고 있다.

  젊은 시절을 돌아보면 타고난 호기심과 세계 여러 곳을 돌아다닌 덕분에 무수한 아이디어와 기회를 간파한 적은 많지만, 정작 내 것으로 만든 기억은 거의 없는 것 같다. 나는 아이디어는 단지 아이디어일 뿐이고, 이것을 현실화하는 데는 아이디어 이상의 노력과 사업수단이 필요하다는 것을 미완의 경험을 통해 깨달았다. 이러한 경험은 어느덧 나의 자산이 되었고, 훗날 샘솟는 아이디어와 실행력으로 내가 몸담았던 회사를 성장시키는 데 주력할 수 있었다.

아이디어나 실행력은 '밸런스', 즉 균형감각과도 관계가 있다. 다소 과장되게 표현해서 '장사의 신'이라 불릴 만한 후배가 있다. 그 후배는 팥빙수부터, 삼겹살 체인점, 술집까지, 손을 대는 것마다 대부분 성공을 거두었다. 놀라운 사실은 그가 팥도 못 먹고, 술도 전혀 못 마시며 돼지고기는 아예 입에도 대지 않는다는 점이다. 그런데 그의 포트폴리오에는 재미난 과거가 한 편 존재한다. 그는 어렸을 때부터 중국 음식을 매우 좋아했는데, 아이러니하게도 정작 유일하게 망한 사업이 중국 음식점이라고 했다. 자기가 좋아하지 않는 것들을 시도할 때는 오히려 좋아하지 않으니까 그것을 더 좋아하는 고객들을 유심히 관찰하게 되었는데, 자신이 좋아하는 중국 음식은 객관적으로 바라보기가 쉽지 않더라는 것이다. 자신이 좋아하는 것일수록 '균형감각'을 발휘하기란 어려운 법이다. 얼마 전 후배 한 명이 바^{Bar}를 차렸다. 평소 멋진 술집을 차리는 게 로망이었던 그는 가구나 음향기기를 필요 이상의 고가로 구비했다. 자신이 즐기고도 싶

나는 다른 것을 본다

고, 친구들이 오면 보여주고 싶은 마음도 컸을 것이다. 오픈하기 전부터 사전 할인을 약속하기도 했다. 하지만 사업은 사업이고 친구는 친구다. 욕심을 부릴 수는 있어도 사심을 부려서는 안 된다. 자신이 좋아하는 거라고 해서 균형감각을 잃고 행동하는 순간, 고객의 마음과 시장 상황을 읽을 기회는 날아가버린다. 나는 후배들이 아무리 좋은 아이디어가 있다 해도 균형감각을 갖고 제대로 실행하지 못하면 한낱 종잇장에 불과하다는 사실을 잊지 않길 바란다.

세컨드세트 마인드를 버려라 ―

15년 만에 맥주시장 1위를 탈환하면서 회사 분위기가 눈에 띄게 좋아진 게 사실이다. 은연 중에 '못할 건 없다'는 자신감 넘치는 기운이 회사를 지배하는 듯하다. 하지만 나는 그럴 때일수록 몸을 사리고 냉철하게 자신을 판단할 수 있어야 한다고 주문한다. 오늘의 승자는 있을지 몰라도, 영원한 승자는 존재하지 않는다.

구기운동 중에는 3세트로 진행되는 경기가 많다. 테니스, 배드민턴, 탁구, 배구 등 단판으로 승부를 가르기엔 공정성이 결여되어 소위 삼세판으로 결정하는 종목이다. 그런데 희한하게도, 쉽게 1세트를 따낸 후 연달아 2세트까지 따내어 경기를 단박에 끝내기보다는, 2세트는 내주고 3세트까지 끌고 가는 접전을 치르는 경기가 많다. 더구나 계속 접전을 치르는 것도 아니고 1세트를 잘 마치고서 어이없는 실책을 연발해 2세트를 내주는 모습을 종종 보게 된다. 물론 게임을 즐기는 관중 입장에서야 손에 땀을 쥐며 즐거울(?) 수 있지만, 선수 입장에서는 왜 굳이 어렵게 경기를 풀어나가야 하는지 의문스러울 때도 있다. 실력이 비슷해서 그럴 수도 있지만, 대부분이 승자의 심리적 안도감에서 비롯된 것이다. 1세트를 이긴 팀은 잠시나마 안도의 한숨을 쉬는 반면, 패배한 쪽은 더 이상 물러설 곳이 없는 최후의 상황에 내몰리게 된다. 패배한 쪽이 소위 우리가 말하는 헝그리 정신을 더 강하게 느끼기에, 그만큼 승리가 간절하고 절실해지는 것은 당연하다. 1세트를 따낸 쪽이 2세트에 들어서면서 갖게 되는 방심을 '세컨드세트 마인드'라고 한다. 이는 비즈니스 세계에서도 동일하게 나타난다. 어차피 비즈니스도 인간이 하는 일이라 인간의 형상을 그대로 닮아가는 것은 당연하다. 성공과 승리는 아무래도 자만심을 낳기 쉽고, 이는 결국 실패로 연결된다. 우선 자신에 대한 객관성이 흐려지거나, 냉정한 판단력을 잃어버린다. 또한 새로운 추가성장을 위한 목표를 세우거나 이를 실천하는 데 소홀해진다. 달콤한 성공의 덫에 걸려들어 몸이 굼뜬 굼벵이처럼. 코닥, 노키아, 소니, GM 등 한때 세상을 풍미하던 1등 기업들이 그들의 왕좌를 잃어버린 가장 큰 이유 중 하나는, 성공의 달콤함에 빠져 추가적인 혁신을 만들지 못했기 때문이다. 코닥은 아날로그 필름사업의 성공에 도취되어 디지털 시장으로의 진입 시기를 놓쳤고, 소니도 디지털 평면 TV로 변화하는 시기를 놓쳐 후발주자에게 밀리는 뼈아픈 실패를 맛보았다.

그렇다면 승자로서 어떻게 해야 세컨드세트 마인드를 떨쳐버릴 수 있을까? 무엇보다도 지속적인 혁신의 고삐를 놓지 말아야 한다. 실제 혁신은 잘나갈 때 하면 효과가 더 크다. 대부분의 기업이 어려워지고 나서야 혁신과 신제품 개발을 추진하는데, 이 경우는 제대로 된 혁신을 하기도 힘들지만 성공할 확률도 적다. 잘나갈 때 해야 진정한 혁신을 이룰 수 있고 게임 체인저가 될 수 있다. 지금 잘나갈수록 창의적인 아이디어와 혁신을 통해 지속적인 성장을 꾀하고, 아울러 기업의 전략과 조직 역량, 문화, 리더십을 바꾸어나가야 한다. 또한 자기 자신을 모방해서는 안 된다. 성공한 자신을 모방하는 것은 가장 위험한 일이요, 정체와 추락을 부르는 지름길이다.

'NIH^{Not-Invented-Here} 신드롬'이라는 말이 있다. 직역하자면 '여기서 만든 게 아니야'라는 뜻으로, 내가 만들지 않은 것은 인정하지 않는 태도를 말한다. 남들이 연구하거나 발명한 것을 무시하고 오로지 자신들이 최초, 최고라고 믿는 증후군이다. 이런 태도로는 협업도 힘들어지거니와 자연히 남들의 장점을 받아들이기 어려워진다. 이는 게임기 회사 닌텐도가 부진에 빠진 이유 중 하나이기도 하다. 아무리 뛰어난 전문가가 포진한 집단도 언제까지나 내부에서 모든 것을 해결할 수 없다. 그런데 외부 인력과 시대의 흐름을 인정하지 않고 안에서 게임기와 게임까지 전부 만들다가 한계에 봉착한 것이다. 세상에 나보다 뛰어난 사람, 내 생각보다 기발한 아이디어는 얼마든지 있다는 사실을 인정하자. 개인적으로 일을 잘하는 사람과 그렇지 않은 사람을 구분하는 결정적인 차이는, 무언가 좋은 것을 봤을 때 열정적으로 배우거나 자신의 일에 적용하고 싶어 하는가라고 생각한다. 내 주위에도 그런 사람이 있다. 바로 우리나라 최고의 잡지사라 할 수 있는 디자인하우스의 이영혜 대표다. 이 대표는 아무리 사소한 것이라도 자신이 생각지 못했거나 도움이 되는 아이디어라면 눈을 빛내며 메모하는 습관이 있다. 다른 사람의 장점을 흡수해야 성장과 혁신을 얻을 수 있다. 부디 모차르트의 천재성 때문에 평생 질투와 시기로 살아가다 생을 마감한 살리에르처럼 되지 말자.

직업인만의 즐거움을 누려라 ―

창의적인 아이디어, 실행력, 균형감각, 방심하지 않는 마음⋯ 이 모든 걸 지킬 수 있다면 얼마나 좋을까. 하지만 하나같이 중요하다는 사실을 알면서도 실천에 옮기기 어려운 이유는, 솔직히 말해서 내가 회사의 '주인'이 아니기 때문이다. 어차피 내 회사도 아닌데 그렇게까지 목숨 걸고 일할 필요가 있겠냐는 심리는 분명 존재한다. 인간이기 때문에 당연하다. 하지만 나는 자기 스스로를 직장인으로 규정하지 않았으면 좋겠다. 직업으로 사람의 가치를 정의하는 것만큼 어리석은 일은 없다. 우리는 각자 인간으로서 찬란한 가치를 지니며, 모두가 세상을 변화시킬 수 있는 능력의 소유자다. 심리학자 매슬로에 따르면, 인간은 5단계의 욕구를 가지고 있다. 1단계에 해당하는 밥을 먹고 잠을 자는 생리적 욕구에서 시작해, 삶의 목표를 실현해가는 5단계 자아실현의 욕구로 진화해간다.

　인간의 욕구가 진화하듯, 직장인으로서의 우리도 나날이 진화, 성장해야 할 것이다. 그러기 위해 우리가 가져야 할 태도는 무엇일까. 나는 소명의식이라고 말하고 싶다. 사람은 자기 의지로 세상을 변화시킬 때 행복을 느낀다. 지금 하는 노동이 단순한 생계유지용이 아니라, 세상을 더 나은 공간으로 바꿀 수 있다는 소명의식을 가져야 우리는 즐겁게 일할 수 있다. 그래야 직장인이 아닌 직업인으로 살아갈 수 있다. 소명의식을 가지면서 얻을 수 있는 또 하나의 장점은, 지금의 일을 더욱 사랑할 수 있다는 것이다.

언젠가부터 나는 카스를 사랑하게 되었다. 카스가 시장에서 다른 브랜드를 제치고 선택되는 모습을 볼 때 희열을 느끼고, 카스가 경쟁 브랜드에 비해 구석에 진열되어 있으면 가게 주인 몰래 위치를 뒤바꾸고 나서 통쾌함을 느낀다. 비록 카스가 최첨단의 전자제품도 아니고 고가의 서비스도 아니지만, 어찌 보면 단지 수천 원짜리 알콜 음료에 불과할지 몰라도 내게는 사람과 사람의 관계를 긍정적으로 이어주는 최고의 매개체다. 오비맥주의 브랜드들은 나와 세상의 모든 소비자를 연결하는 끈이다. 그래서 나는 직원들과 종종 '간증의 시간'을 보낸다. 간증의 시간이란 자신이 맡고 있는 브랜드에 관해 침 튀기게 자랑하는 자리다. 피자헛에 근무할 때는 협력사 파트너들에게 출시할 신제품에 관해 열을 올리며 설명했더니, 갓 태어난 아들 자랑보다 신제품 자랑을 더 한다는 이야기를 듣기도 했다.

진심으로 브랜드를 사랑하는 직원은 아무리 고된 일을 하더라도 행동에서 즐거움이 묻어나고 눈망울도 초롱초롱하다. 반면 브랜드를 단지 일로 바라보는 직원은 아무리 우수한 내용의 발표를 하더라도 무료하게 들리고 열정이 느껴지지 않는다. 자신의 일과 브랜드를 사랑하지 않으면서 고객들에게 내놓는 것은 지극히 무책임한 행동이다. 심리학 교수 미하이 칙센트미하이는 창의적인 사람들에

나는 다른 것을 본다

게서는 하나의 공통점이 발견되는데, 그건 자신이 하는 일을 사랑한다는 사실이라고 했다. 우리를 움직이는 것은 명예나 돈에 대한 욕심이 아니고 좋아하는 일을 한다는 즐거움이다.

내가 지금 하는 일과 오비맥주의 브랜드를 사랑하는 이유 역시 단지 이 브랜드를 통해 돈을 벌기 때문만은 아니다. 이 일과 브랜드가 더 즐겁고 좋은 세상을 만들 수 있을 거라는 믿음 때문이다. 나는 술을 파는 사람이 아니라, 카스를 통해 젊음의 시간을 만드는 사람이다. OB골든라거를 통해 사람들간의 추억을 갖게끔 이끄는 사람이다. 그래서 나에게 이 알콜 음료들은 마법의 액체처럼 보이기도 한다.

앞에서 말했다시피 오비맥주에서는 '나는 카스다!' 등의 대형 콘서트를 여러 번 진행한 경험이 있다. 유명 가수들과 3만 명 정도의 관객이 열광하는 그 자리에서, 내가 바라보는 곳은 무대가 아닌 '객석'이다. 나는 무대에 열광하는 사람들의 행복한 표정과 열렬한 몸짓을 보며 무엇과도 바꿀 수 없는 희열을 느낀다. 브랜드의 숙명은 고객에게 행복한 경험을 선사하는 것이기에, 누군가를 기쁘게 하는 데서 진짜 행복을 느끼는 셈이다. 결국 내가 나의 일과 브랜드를 사랑하는 것은 저 수많은 고객을 사랑하는 일이리라.

지금은 아무것도 보이지 않을지 몰라도
흙 속, 저 땅 밑에서는
분명 무언가 벌어지고 있다.
인생의 과업과 연결된 끈을 놓지 마라.
그 끈을 놓지 않는다면
무의식적이라도 삶에서 올바른 선택을
내릴 수 있을 것이다.

로버트 그린, 《마스터리의 법칙》 중에서

싸인은
언제 어디에나 존재한다

2009년 10월 말, 미국 달라스에
서 흐르던 나의 삶은 썩 괜찮은 편이었다. 일단 피자헛이라는, 한
국인에게는 좀처럼 기회를 주지 않는다는 세계적 기업의 본사에서
글로벌 마케팅 총괄 업무를 담당하고 있었기 때문이다. 업무성과
나 회사의 입지라는 측면에서도 매우 안정적인 상황이었다. 그런
데 그때쯤 나의 운명을 바꿔놓은 한 통의 싸인^{Sign}이 전해졌다.

싸인의 발신지는, 세계 최고의 사모펀드 회사인 콜버그크래비스
로버츠(이하 KKR)였다. KKR은 그해 7월 세계 최대 맥주회사인 벨
기에의 안호이저부시인베브(이하 AB인베브)로부터 한국의 오비맥주

를 인수했다. 사모펀드의 역할은 저평가된 기업에 자본을 투자하여 그 가치를 최대로 높이는, 일종의 투자회사다. 일부에서는 부정적인 시선을 보내기도 하지만, 자본주의가 원활하게 돌아가려면 기업 환경에 윤활유 역할을 하는 사모펀드 같은 조직이 필요한 것도 사실이다. 당시 오비맥주의 인수 금액은 18억 달러였으니, 오비맥주로서는 다소 자존심이 상하는 상황이었을 것이다. KKR은 사모펀드의 특성상 재무 분야의 전문가는 다수 보유하고 있던 반면, 마케팅 전문가는 부족한 상태였다. 그 상황에서 내게 새로 인수한 오비맥주의 마케팅 수장으로 와달라는, 일종의 싸인을 보낸 것이다.

참전 선언

전화를 받은 후 개인적으로 그 어느 때보다 많은 고민을 해야만 했다. 당시 나는 피자헛 본사의 글로벌 마케팅을 총괄하고 있었다. 솔직히 말하자면 한국인으로서는 좀처럼 차지하기 어려운 자리였기에, 그 자리를 포기하고 이직한다는 것이 결코 쉬운 결정은 아니었다. 사모펀드에 고용된다는 것 역시 나를 망설이게 만들었다. 사모펀드는 왠지 돈만 밝히는, 비인간적일 것 같다는 선입견 때문에, 내 운명을 선뜻 그들의 손에 맡겨버리는 것이 불편하게 느껴졌다.

하지만 왜인지는 모르겠지만, 뭐라 규정할 수 없는 무언가에 이끌리기 시작했다. 지금 돌이켜보면 이런 게 운명이 아닌가 싶다. 그러던 내가 용기를 내어 맥주전쟁에 뛰어든 것은 인터뷰에서 만난 사모펀드 경영진에 대한 강렬한 인상 때문이었다. 그 어떤 기업 오너 대표보다 열정적으로, 그리고 냉정하게 회사의 가치 향상을 위해 매진하는 프로 경영진이라는 느낌을 받았다. 이들과 함께한다면 내 자신도 한층 더 성장하고 경영진으로서의 안목을 키울 수 있겠다는 확신이 들기 시작했다.

　결국 처음 연락을 받은 후 여러 차례 전화와 이메일을 주고받았고, 서울 출장길에 시간을 내어 오비맥주 관계자와 사모펀드 주주들을 만나기 시작했다. 그 후 약 6개월 동안 10여 차례의 인터뷰를 거친 끝에, 마침내 2010년 5월 오비맥주에 첫발을 들여놓았다. 그리고 지금까지 그 운명적인 인연을 이어오고 있다. 아주 성공적으로.

제1차 맥주전쟁　　　　　—

짐작은 하고 있었지만, 오비맥주의 상황은 썩 좋지 않았다. 일단 1996년 1차 맥주전쟁에서 완벽하게 패한 후, 헤어나오지 못하고 있었다. 오비맥주(구 동양맥주)는 1980년대까지 시장 점유율 70%를 넘나들던 전통의 맥주명가였다. 그러던 중 1991년 두산전자 구미 공장에서 인체 유해 물질인 페놀 원액이 유출돼 낙동강을 오염시키는 사건이 일어났다. 이 사건은 두산그룹 전 브랜드의 불매 캠페인으로 이어졌고, 당시 이 회사의 대표적 소비자 브랜드인 오비맥주마저 타도의 대상이 되고 말았다(당시 OB베어스 야구구단의 선수들마저 경기장에서 사죄를 해야 할 정도였다). 엎친 데 덮친 격으로 경쟁사였던 조선맥주와 진로쿠어스 맥주가 각각 하이트와 카스를 앞세워 맹공격해오면서 오비맥주의 아성은 무너졌다. 신흥강자가 된 하이트진로(구 조선맥주)는 1996년부터 단 한 차례도 시장 1위 자리를 내놓지 않을 정도로 굳건했다.

바닥을 치게 된 데는 외부적인 요인이 전부는 아니었다. 어쩌면 모든 패배의 원인은 내부에 존재할지도 모르겠다. 오비맥주 내부에서도 어김없이 패배의 빌미를 찾을 수 있었다. 수십 년 동안 난공불락의 1등에 안주해온 거만함과 독점적 기업으로서의 방만함이 오비맥주를 어느새 움직임이 굼뜨고 병든 공룡으로 만들고 있었다. 여기저기 곪아가고 있었지만 몸은 마음대로 움직여주지 않았고, 스스로 치유할 생각도 의지도 없었다. 소비자들과의 가교架橋가 되어야 할 1,300여 주류도매상들마저 등을 돌린 지경이었다. 결국 모기업인 두산그룹은 오비맥주를 매각했다. 다행히도 글로벌 기업에 편입되었지만 여전히 상황은 밝지 않았다. 가장 뼈아픈 사실은, 1999년 경쟁사인 진로쿠어스 맥주를 인수하면서 대표 브랜드를 카스로 변경한 결정이다. 회사명인 오비맥주만 빼고 모든 것을 바꾼 것이나 마찬가지였으니. 옛 명성을 되찾는 것은 잃어버리는 일보다 수백, 수천 배 어렵다.

선전포고   —

한때 맥주의 대명사로 불렸던 브랜드이자 사명인 OB 브랜드는 이미 사형선고 직전이었다. OB블루라는 제품명으로 가까스로 전통의 명맥은 유지하고 있었으나, 실상을 들여다보면 시장 점유율 1%대라는 다소 민망한 성적으로 간신히 목숨만을 부지하고 있는 상황이었다. 주력 브랜드로 삼은 카스 역시 2006년부터 2009년까지 출시한 멀티 브랜드 라이트, 레드, 레몬, 2X 등 어느 것 하나 브랜드 인지도와 선호도가 높지 않았다. 시장에 존재감을 각인시키기에는 역부족일 정도로 걸음마 수준에 불과했다. 금융 분석 전문가들은 대한민국 맥주시장이 2개 회사로 양분되어 있다는 점과 협소한 시장 규모를 감안할 때, 시장 점유율 1%가 500억 원 이상의 가치를 지닌다고 말한다. 이 상황에서 오비맥주의 상대사는 59%라는 엄청난 시장 점유율을 보이고 있었다. 주력 브랜드인 하이트는 비록 감소 추세에 있었으나, 2006년 출시 후 막대한 영업과 마케팅 투자를 투입한 맥스가 꾸준하게 성장하고 있었다. 맥스는 출시 5년 만에 두 자리 수 시장 점유율을 목전에 두고 있었으며, 상대사는 2010년 10월 신제품 드라이피니시d마저 출시한 상태였다.

하지만 이처럼 최악의 상황에서도 나는 오비맥주에서 숨겨진 싸인을 발견했다. 바닥을 치고 다시 비상할 것 같은 싸인을 읽은 것이다. 회사는 쇠락했지만 OB라는 브랜드의 인지도는 높았다. 잘만 리뉴얼하면 선호도까지 올릴 수 있다는 자신이 생겼다. 카스 역시 젊고 역동적인 이미지를 지닌 브랜드였다. 승산은 충분했다.

외부인의 입장에서 바라본 오비맥주의 기업문화에서도 가능성을 느꼈다. 사실 오비맥주는 국내 기업도 아닌, 그렇다고 딱히 외국기업이라고 하기에도 애매한 혼재된 모습이었다. 좋게 표현하자면 '하이브리드'요, 좋지 않게 표현하면 '짬뽕'이었으리라. 두산기업에서 물려받은 인간미가 조직문화의 저변에 깔려 있었지만, 업무 프로세스에 관해서는 웬만한 외국기업 못지않게 합리적이고 이성적이며 체계적이었다. 특히 비용관리에 있어서는 자린고비가 따로 없을 정도로 철두철미했는데, 비용지출 대비 매출 관리에 매우 탁월했다. 이는 두산그룹의 품을 벗어나 1998년부터 세계적 규모의 다국적 기업들의 경영관리를 받으며 체득한 습관으로, 오비맥주의 대단한 강점이었다. AB인베브 그룹의 회장은 서울을 방문했을 때 비용 절약을 위해 8만 원짜리 서초동의 모텔에 투숙했다는 일화까지 남기고 떠났던 사람이다. 정을 기반으로 한 오비맥주의 합리적, 효율적, 실용적 문화를 접하면서 머지않아 이 조직이 큰일을 낼 역량을 갖고 있다는 믿음도 생겼다. 아직 그 기량이 제대로 발휘되지 못했을 뿐. 인간이든, 조직이든 기량은 언제나 숨겨져 있다. 발화점만 찾는다면, 그리고 거기에 제대로 불만 붙이면 언제든 활활 타오르기 마련이다. 나는 해볼 만한 승부라 자신했다. 그래서 나는 KKR에 단 한 가지를 제안했다. 브랜드에 관한 모든 결정을 전적으로 내게 일임해달라는 제안이었다. 단지 마케팅 책임자가 아니라 경영자적 자세로 접근하겠다는 나의 선전포고였다. 그리고 이 제안이 받아들여지면서, 2010년 5월부터 오비맥주와의 운명적인 인연이 시작된다.

제2차 맥주전쟁 ―

그로부터 와신상담, 각고면려… 그 어떤 말로도 온전히 설명할 수 없는 시간이 흘렀다. 영업팀의 도매사 밀착영업은 한때 소원했던 전국 1,300여 주류 특수도매상사와의 관계를 끈끈하게 복원시켰고, 오비맥주의 제품을 전국 어디서든 신선한 상태로 유통하는 쾌거를 낳았다. 특히 2010년 초부터 근절시킨 월말 밀어내기 영업 관행은 오비맥주가 건강하게 성장하는 토대이자, 악성재고의 고리를 끊어버린 획기적인 시도였다. 또한 이천, 청원, 광주 소재 3개 공장의 모든 임직원은 성수기에 주말까지 반납하고 땀 흘린 대가로 생산 효율성과 품질을 향상시키는 성과를 이뤄냈다. 그 외에도 재무, 대관, 홍보, 구매, 물류, 인사 등 모든 임직원이 하나의 목표를 공유하여 한마음으로 노력했고, 회사의 양대 노조 또한 사측과 상생의 목적으로 합심했다. 그리고 2011년 8월, 단 2년 만에 제2차 맥주전쟁의 성적표가 날아들었다. 오비맥주는 시장 점유율이 50%를 넘어서면서 15년 만에 1위 자리를 탈환했다. 언뜻 보면 2등 기업이 업계 1위를 제치고 1등이 되는 일이 그리 대단해 보이지 않을지도 모르겠다. 그러나 1등이 한 번 2등이 되었다가 다시 1등을 탈환한 것은 전 세계를 통틀어 매우 발생하기 어려운 사건이다. 그리고 2014년 초에는 다음과 같은 성적표를 받았다.

오비맥주 시장 점유율 60%… 카스 브랜드 시장 점유율 55%… 카스 브랜드 선호도 57%….

그리고 2014년 2월, 또 다른 소식도 전해졌다. 이전에 오비맥주의 주인이었던 AB인베브가 다시 오비맥주를 58억 달러(약 6조 1,694억 원)에 재인수하겠다고 제안해온 것이다. 5년 전 자신들이 팔았던 금액의 3.2배에 달하는 액수다. 오비맥주가 아마도 역사상 최고의 가치로 올라선 일이리라.

제3차 맥주전쟁의 전야 ─

그러나 아무리 화려한 날이라 해도 어제는 추억일 뿐이다. 우리에겐 언제나 오늘만 존재한다. 우리는 오랜 경험을 통해 총성 없는 비즈니스 전쟁에서 거둔 승리는 순간의 쾌감에 불과하다는 것을 잘 알고 있다. 마치 지독하게 목마른 상태에서 마시는 맥주의 첫잔처럼. 살아남기 위해서는 잠깐의 성공에 취해 샴페인을 터뜨리기 전에 다시 다가올 위기에 대비해야 한다. 위기는 언제나 '다모클레스의 칼Sword of Damocles' 처럼 성공의 수면 아래에 숨어 있기 마련이다.

　경쟁사는 다시 무기를 날카롭게 갈고 있다. 롯데라는 대기업 역시 맥주전쟁에 참전을 선언하며 2014년 '클라우드'를 출시했다. 개인적으로 매우 바람직한 일이라 생각한다. 라이벌이 많을수록 시장은 커진다. 시장이 커지면 싸움도 커지고, 그래야 더 많은 구경

꾼이 몰려들 테니까.

2차 맥주전쟁에서 승리한 이후, 기업 내부적으로도 해야 할 일이 더 늘어났다. 쫓아가는 사람은 마음이 편해도 쫓기는 사람은 마음이 늘 불안하다. 대한민국 맥주시장 재탈환을 목표로 삼고 앞만 보고 달릴 때는 오히려 마음이 홀가분했다. 목표가 명확했고, 주적이 분명했고, 실천과제가 명확했기 때문이다. 그러나 목표를 달성한 지금 오히려 마음이 착잡하고 불안하다. 기업 내에서 공유하던 공통의 목표가 희미해지고, 앞으로 펼쳐질 싸움이 이전보다 더 불확실하기 때문이다. 아마 오비맥주의 진짜 전투는 상대사와의 경쟁이 아닌, 자신과의 싸움이 될 것이다.

제3차 맥주전쟁은 전면전이 될 것으로 보인다. 적은 곳곳에 숨어 있다. 맥주회사 두 곳의 주력상품 경쟁에서 벗어나 200개 이상의 국내외 맥주 브랜드가 치열한 적자생존의 전투를 펼칠 예정이다. 더욱이 주류제조 면허요건이 완화되면서 중·소규모 맥주 제조사들이 나름대로 각자의 독창적인 맛을 선보일 예정이기에, 한 치 앞도 예측할 수가 없다. 고객의 마음을 사로잡지 못한, 제대로 소통하지 못한 브랜드들은 언제라도 밀려날 가능성이 높다. 바야흐로 단 한 번도 경험하지 못한 춘추전국시대가 도래할 것이다. 그 어느 때보다 넓은 파문을 그릴 새로운 맥주전쟁의 드라마는 이제 시작될 채비를 하고 있다. 아니, 벌써 시작된 셈이다.

다시, 선전포고　　　　　—

모든 성공에는 보이지 않는 '필연의 싸인'이 존재한다. 안타깝게도 그 싸인들은 쉽게 드러나지 않는다. 우리가 가지고 있는 상자 밖에 존재하기에 보이지 않는 게 아니다. 상자 안에서 우연을 가장한 채 존재하기에 미처 보지 못할 뿐이다. 이러한 싸인은 말하지 않는 진실이요, 보이지 않는 기운이다. 별다를 것 없어 보이는, 평범하기 이를 데 없는 일상도 애정 어린 시선으로 관찰하다 보면 비범한 기회로 변모될 수 있다. 비즈니스에도, 인생에도, 모든 성공의 싸인은 숨겨져 있는 법이다. 숨겨진 것들을 찾는 작업은 당연히 언제나 막막하게 다가온다. 하지만 그 싸인을 발견한 순간, 그 무엇도 줄 수 없는 희열을 맛볼 수 있게 한다. 마치 엄청나게 어려운 수학문제를 풀었을 때의 기분처럼. 기억을 되짚어보면 그런 수학문제들의 답은 언제나 문제 안에 숨겨져 있었다.

　나는 이 책을 읽는 모든 독자들이 부디 성공의, 승리의 싸인을 놓치지 말았으면 좋겠다. 언제나 인생은 고되고, 비즈니스는 격정적이다. 전쟁판에 가깝다. 평온함과 안락함은 애초 헛된 기대일지도

315

모른다. 이 치열한 전쟁터에서 싸울 무기는 우리 스스로가 찾아내야 한다. 그 발견이 결정적인 승부의 추로 작용할 것이다. 이 책을 통해 나는 나와 독자들의 행보에 건투를 빌고 싶다.

나의 경험을 오롯이 담아내서인지 책을 쓰는 동안 많은 사람들을 머리에 떠올리게 되었다. 학교를 졸업하고 지금까지 놀고, 먹고, 마시는 일만 해왔다. 사람을 좋아하고 사람들과 어울리는 것을 좋아하다 보니, 다양한 기업에서 새로운 아이디어로 사람들에게 기쁨을 제공하는 데 삶의 보람을 느꼈고, 감춰진 그들의 내면을 발견할 때는 말로 표현하기 힘든 희열도 느꼈다. 이처럼 창의적인 아이디어와 비즈니스를 연결하는 데 관심을 갖게 된 것은 영국 버진그룹의 리처드 브랜슨 회장을 동경해온 덕분이 아닐까 싶다. 그가 이 책을 읽을지는 모르겠지만 꼭 감사하다는 말을 전하고 싶다.

미성년 딱지를 떼자마자 홀로 집을 떠나 다양한 나라의 학교와 직장에서 잡초처럼 적응하며 내공을 키웠다. 60년이 채 되지 않는 마케팅이라는 학문의 역사 속에서 평생 한 번 조우하기도 힘든 출중한 스승과 멘토를 극적으로 만나면서 꿈같은 배움의 시간을 보냈다. 무엇보다 내게 균형 잡힌 학문적 이론을 가르쳐주신 노스웨스턴 대학원의 필립 코틀러 교수와 돈 슐츠 교수, 현장 중심의 실무를 깨우쳐주신 KFC 미키 펜츠 사장, 피자헛 스캇 버그린 사장, 맥도날드 래리 라잇 전 최고마케팅책임자에게 진심으로 감사드린다.

가족에 대한 고마움도 빼놓을 수 없다. 어려서부터 4남매의 막내인 나의 자유로운 상상과 엉뚱한 시도를 너그럽게 허락해주었고, 남들보다 일찍 나라 밖 다양한 세상을 경험하도록 지원해주신 부모님은 지금의 내가 있게 한 주인공이다. 내가 보지 못하는, 나의 부족함을 일일이 챙겨주고 조언해주는 소중한 아내는 나의 성장에 중요한 멘토이며, 나보다 더 엉뚱한 상상력과 인사이트가 넘치는 늦둥이 아들은 오늘도 열심히 살아갈 활력을 불어넣는 나의 분신이다.

아울러 지금껏 내가 위기의 순간에 봉착했을 때마다 늘 힘이 되어준 숙명여대 조정열 교수와, 내게 많은 지식과 소중한 지인들을 만들어준 마케팅학회장 한양대학교 홍성태 교수, 그리고 나만큼이나 이 책에 애정과 열의를 보여준 담당 편집자에게 감사의 마음을 전한다.

송현석

지은이 송현석 알렉스 송

2013년 마케팅협회 선정 '한국의 마케터'
2017년 마케팅클럽 선정 'Man of The Year'
오비맥주 부사장 / CMO(최고 마케팅 경영자)

AOL타임워너, 맥도날드, 피자헛 등 글로벌 소비재 기업에서 브랜드 전략, 신제품 개발, 소비자 마케팅, 유통 영업 등을 두루 섭렵했다. 2007년 피자헛의 모기업인 얌 브랜즈^{YUM Brands} 본사에 발탁되어, 4년간 전 세계 100개국의 피자헛 글로벌 마케팅 총괄업무를 성공적으로 수행했다. 2010년 오비맥주에 부임해 '카스'를 대한민국 1등 맥주 브랜드로 키워내고, 퇴출 직전까지 갔던 'OB' 브랜드까지 되살리는 성과를 일궈냈다. 또한, 오비맥주의 시장 점유율을 단기간에 40%에서 60%로 성장시켜 15년 만에 '맥주업계 1위'를 탈환했다. 그 결과 2009년 오비맥주를 매각했던 세계 1위 맥주회사 AB인베브에 5년만에 약 3배의 시장가치로 회사를 되팔아 아시아 사모펀드 투자 역사상 최고의 성공신화를 만들어냈다.

미국 미주리 대학교와 일본 조치^{上智} 대학교에서 신문학을 전공한 뒤, 마케팅 사관학교인 노스웨스턴 대학교에서 마케팅 석사 학위를 취득했다. 마케팅의 대가 필립 코틀러 교수와 IMC(통합적 마케팅 커뮤니케이션)의 창시자 돈 슐츠 교수에게서 사사했고, 피자헛 스캇 버그런 사장, KFC 미키 팬츠 사장, 맥도날드 래리 라잇 CMO 등으로부터 선진 마케팅의 진수를 직접 전수받았다.

나는 다른 것을 본다(개정판)

2018년 2월 20일 초판 1쇄 발행 | 2021년 1월 19일 4쇄 발행

지은이 송현석
펴낸이 김상현, 최세현 **경영고문** 박시형

마케팅 양근모, 권금숙, 양봉호, 임지윤, 이주형, 조히라, 유미정, 전성택
디지털콘텐츠 김명래 **경영지원** 김현우, 문경국
해외기획 우정민, 배혜림 **국내기획** | 박현조
펴낸곳 (주)쌤앤파커스 **출판신고** 2006년 9월 25일 제406-2006-000210호
주소 서울시 마포구 월드컵북로 396 누리꿈스퀘어 비즈니스타워 18층
전화 02-6712-9800 **팩스** 02-6712-9810 **이메일** info@smpk.kr

ⓒ 이
ISBN 978-89-6570-600-7(03320)

쌤앤파커스(Sam&Parkers)는 독자 여러분의 책에 관한 아이디어와 원고 투고를 설레는 마음으로 기다리고 있습니다.
책으로 엮기를 원하는 아이디어가 있으신 분은 이메일 book@smpk.kr로 간단한 개요와 취지, 연락처 등을 보내주세요.
머뭇거리지 말고 문을 두드리세요. 길이 열립니다.